スタイルがよく見える！
ワンピース＆チュニック

泉 繭子｜著

はじめに

たった1部のパターン（型紙）で、どれくらいたくさんの違ったシーンの服を作れるか、
あなたは知っていますか。

パターンをカットして生地を整えて、
生地の上に地の目を合わせて生地をカットするまでの工程は、
縫う工程よりも時間がかかることもあります。
だから、ひとつひとつの服を最初からパターンをおこして作るのではなく、
お気に入りのパターンひとつから、いくつもの服を作ってみてください。

生地を替えたり、袖丈やパターンを少し変えるだけで、
同じパターンで作ったものとは思えないくらい、
いろんな洋服ができあがることに驚くでしょう。
手作りの服は大変と思ってしまうかもしれませんが、
ファスナーつけもないし、コツを覚えれば案外簡単に縫えてしまうのです。

美しいパターンはその人をより美しく見せ、引き立たせます。
そして、生地を替えれば日常着から食事に行くときの服など、
自分サイズで、さまざまなバリエーションの服が作れるのです。

その日に着る服で一日が変わると思えるくらい、服にはエネルギーが宿っています。
自分を一番知るのは自分自身。
自分の素晴らしさを知るきっかけになり、
ピッタリの一枚に出会うために、ハンドメイドに挑戦してください。
この本が皆さまの生活の中でお役に立つことができれば幸いです。

泉 繭子

Contents

( )内は How to make

はじめに p.2

細く見せるポイント p.6

Pattern I

フレンチスリーブ
パターン

A
ボーダーフレンチ
ワンピース

p.10 (p.44, 48)

Pattern II

ベーシック
パターン

F
ボーダーウエスト
切り替えワンピース

p.18 (p.50, 54)

G
パールつき
ワンピース

p.19 (p.50, 54)

H
ポケットつきフロント
切り替えワンピース

p.20 (p.50, 55)

Pattern III

胸元スラッシュ
パターン

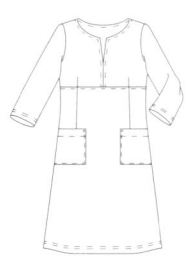

M
胸元スラッシュ
半袖ワンピース

p.30 (p.57, 61)

N
デニムの胸元スラッシュ
半袖ワンピース

p.31 (p.57, 61)

O
胸元スラッシュバイカラー
パイピング風切り替えワンピース

p.32 (p.57, 62)

B
バイカラーフレンチスリーブ
ワンピース
p.11 (p.44, 48)

C
ウエストギャザー
フレンチスリーブワンピース
p.12 (p.44, 49)

D
デニムのフレンチ
スリーブワンピース
p.13 (p.44, 49)

E
フレンチブラック
ワンピース
p.14 (p.44, 49)

I
ウエスト切り替え
ワンピース
p.22 (p.50, 54)

J
半袖ポケット
ワンピース
p.23 (p.50, 55)

K
レース
チュニック
p.24 (p.50, 56)

L
スカラップレースの
ワンピース
p.26 (p.50, 56)

P
胸元スラッシュ
ノースリーブワンピース
p.34 (p.57, 63)

Q
胸元スラッシュ
七分袖ワンピース
p.35 (p.57, 63)

基本的な道具　*p.38*

ミシン糸とミシン針／布の名称／ソーイングの基本用語
型紙を作る／布を裁つ　*p.39*

身長に合わせた型紙の作り方／ボーダー柄の布の裁ち方　*p.40*

ポケットの作り方　*p.41*

ストレッチ素材を美しく縫うための5つのポイント　*p.42*

天竺の縫い方のポイント　*p.43*
生地を選ぶときにやっていること　*p.43*

細く見せるポイントは、計算されたパターンにあります

人の体で一番細いところは手首です。人の体は、中心からだんだん細くなってゆく。
手首や足首、そして衿首という、首という文字がつくところを
どのように見せるかで太って見えたり、細く見えたりするのです。

1 衿ぐり
2 アーム
3 脇ライン
4 ワンピース
5 裾のフレア
6 袖山
7 ダーツ
8 切り替え位置
9 裾の始末

1 衿ぐり

丸型ボートネックが鎖骨を美しく見せます。この開き方が首を長く見せるコツ！ネックがつまって鎖骨がかくれると、首が短く見えてしまいます。鎖骨をほどよく見せて首がすっきりと長く見えるように計算された衿もとです。

2 アーム

アームの太さも大切です！！せっかくの二の腕をかくすのであれば、腕が細く見えるカッティングで上手にかくしたい。また、このラインが太いと腕が太く見えてしまいます。七分丈でくるぶしに向かって細くなっていく腕のラインを見せて、腕をほっそり見せます。

3 脇ライン

脇ラインは洋服の命。人の体は丸くカーブしています。直線でない脇のちょっとしたラインで、ウエストが細くやせて見えるので、脇ラインはとても大切です。

4 ワンピース

ワンピースはおしりがかくれます。気になるところを上手にかくして、細いところを見せましょう。1枚着るだけでかくしたいところがかくせ、コーディネートが完成するのも魅力です。

5 裾のフレア

自然な広がりが美しく見えるポイント。裾のおさまり具合で洋服の落ちつきが変わってきます。裾のおさまり具合が悪いと、それだけで身幅が広がって大きく見えてしまいます。

6 袖山

袖山ダーツで肩幅がせまく見える袖切り替え位置に！袖山ダーツがある袖で、普通袖よりも肩線が内に入り、肩幅が小さく見えます。

7 ダーツ

胸ダーツは斜めに上がると胸が上がってスタイルよく見えます！！胸ダーツが真っすぐだと、胸が平らに見えてしまいます。また、ダーツが長すぎると胸ばかりが強調され、位置が低いと垂れて見えます。ダーツの長さと位置が、ほどよく斜めに上がっているとバストアップして見えます。

8 切り替え位置

切り替え位置も大切！！切り替え位置が下すぎると胴が長く見え、上すぎるとおしゃれ感がダウン。スタイルよく見える切り替え位置は腰骨の上がベストです。ウエスト切り替えとスカート丈の長さは自分で調節できるのもハンドメイドならでは！！

9 裾の始末

袖や裾の始末は既製品のロック2本針風に2本のステッチを入れるとほつれず安心！袖や裾の始末ひとつで、洋服の表情が変わってきます。すっきりと上がり、既製品のような仕上がりと強度がかないます。

Pattern I

フレンチスリーブパターン

フレンチスリーブは袖つけの必要がないので、
作ってみると「簡単に作れるんだ!」と感動します。
シンプルな型だからこそ、
パターンの力を感じられる一枚です。

Pattern I
A

A ボーダーフレンチワンピース
How to make __ P.44, 48
胸元で柄を切り替えることで、上半身に視点がいき、
すっきりとスタイルよく見えます。
ストレッチ素材のボーダーで日常着の定番に。

実物大型紙 Ⓐ

Pattern **I**

B

B バイカラーフレンチスリーブ ワンピース

How to make ___ *P.44, 48*

白×黒のバイカラー（2色の配置）で
シンプルなフレンチスリーブにデザイン性が生まれます。
フォーマルにもカジュアルにも落とし込める一着です。

実物大型紙 A

Pattern I
c

C ウエストギャザー　フレンチスリーブワンピース

How to make __ P.44, 49

柔らかめの生地にウエストにゴムを縫いつけて
ブラウジングすれば軽快で着やせ効果もアップ。
丈を短くしてチュニックにしても。

実物大型紙 Ⓐ

Pattern
I
D

D デニムのフレンチスリーブ　ワンピース
How to make __ P.44,49
デニムの生地を使えばカジュアル感100%に。
ステッチの色を白にするなど色を変えると
作品に表情が生まれます。

実物大型紙 A

Pattern I
E

E フレンチブラックワンピース
How to make — P.44, 49

小物やジュエリー次第で表情が変えられて、
どんなシーンにも対応するブラックワンピース。
このワンピースはデコルテの見え方も完璧。
カジュアルにもドレッシーにも着られるのでかなり優秀。

実物大型紙 Ⓐ

着回しの楽しみ方

オールブラックに
小物でアクセントを加えて。

カジュアルに落とし込んで。

靴にインパクトのあるものを選んで
大人っぽく。

Pattern II

ベーシックパターン

1つのパターンを好きな布でアレンジできる、
それがハンドメイドの醍醐味です。
ベーシックな形だからこそ、
素材や切り替え位置、丈 etc. で、
たくさんのシーンの服作りが可能に。

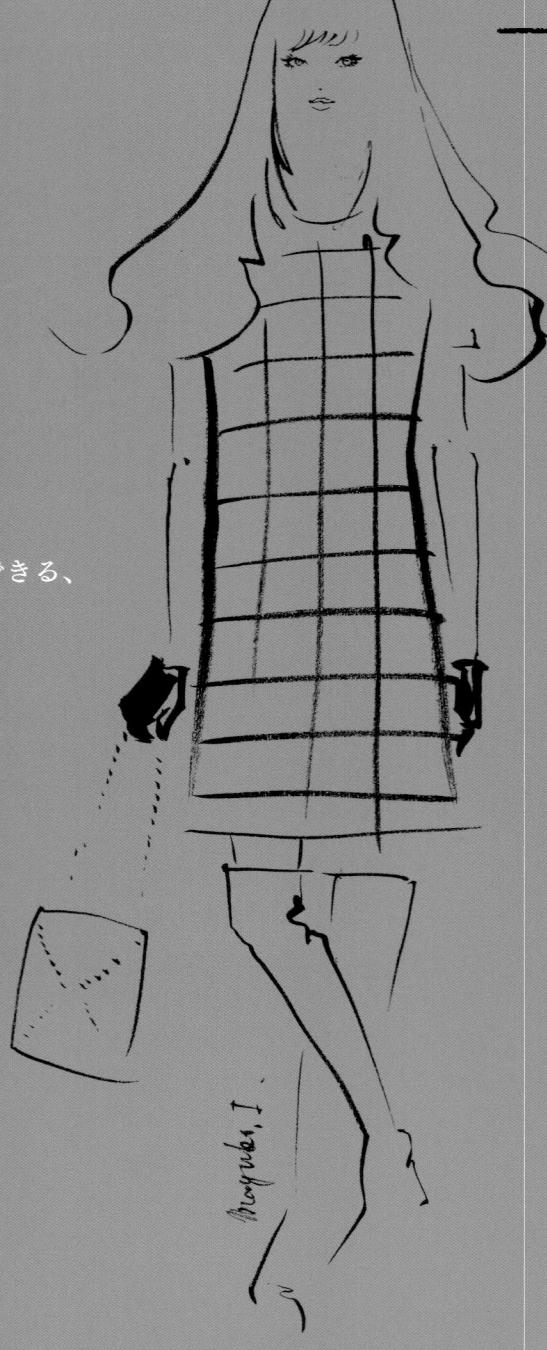

Pattern II F

F ボーダーウエスト切り替え ワンピース

How to make ＿ P.50, 54

スカート部分はストレッチ素材で伸縮性があり、
しっかりしているので裏地をつけなくても大丈夫です。
ボーダー天竺がカジュアルで軽快な雰囲気に。
春のワードローブの定番の一着。

実物大型紙 **B D**

Pattern II
G

G パールつきワンピース
How to make __ P.50,54
ベーシックワンピースに
パールなど装飾をつけると、
アクセサリーなしでも存在感のある一枚に。

実物大型紙 **B D**

19

Pattern II
H

H ポケットつき　フロント切り替えワンピース

How to make ___ *P.50, 55*

ベーシックワンピースを前中心で切り替えて
ステッチすれば縦ラインが生まれてより細身な印象になります。
ポケットをつければ適度な抜け感が生まれます。

実物大型紙 **B D**

Pattern II

I ウエスト切り替えワンピース
How to make __ P.50, 54

トップとスカートの布を切り替えて、スカート布を
ツイードラメ生地で作れば、お出かけ着としても活躍しそう。
トップにはストレッチ生地を使っているので、
きちんとしながら楽に動ける仕上がりになっています。

実物大型紙 **B D**

J 半袖ポケットワンピース
How to make___P.50,55
窓枠のような四角形のチェック柄、
ウインドーペーンは英国カントリー調の伝統柄。
デイリーにも食事会にも好印象な一着です。

実物大型紙 Ⓑ Ⓓ

Pattern II
K

K レースチュニック
How to make __ P.50, 56

ベーシックワンピースの丈を短くしてチュニックに。
レースで透けるため、身ごろは2枚仕立てにして、
袖は1枚仕立てにすれば袖の透け感が演出できます。

実物大型紙 ❶ ❹

Pattern
II
L

L スカラップレースの
ワンピース
How to make ─ P.50, 56

裾の部分はスカラップを利用しているので裾の始末がいりません。気軽な外出などカジュアルなシーンでも楽しめます。

実物大型紙 Ⓑ

Pattern III

胸元スラッシュパターン

胸元スラッシュと縦ダーツが
細身のシルエットを際立たせます。
上級者向きですが、
チャレンジしてみる価値のある一枚です。

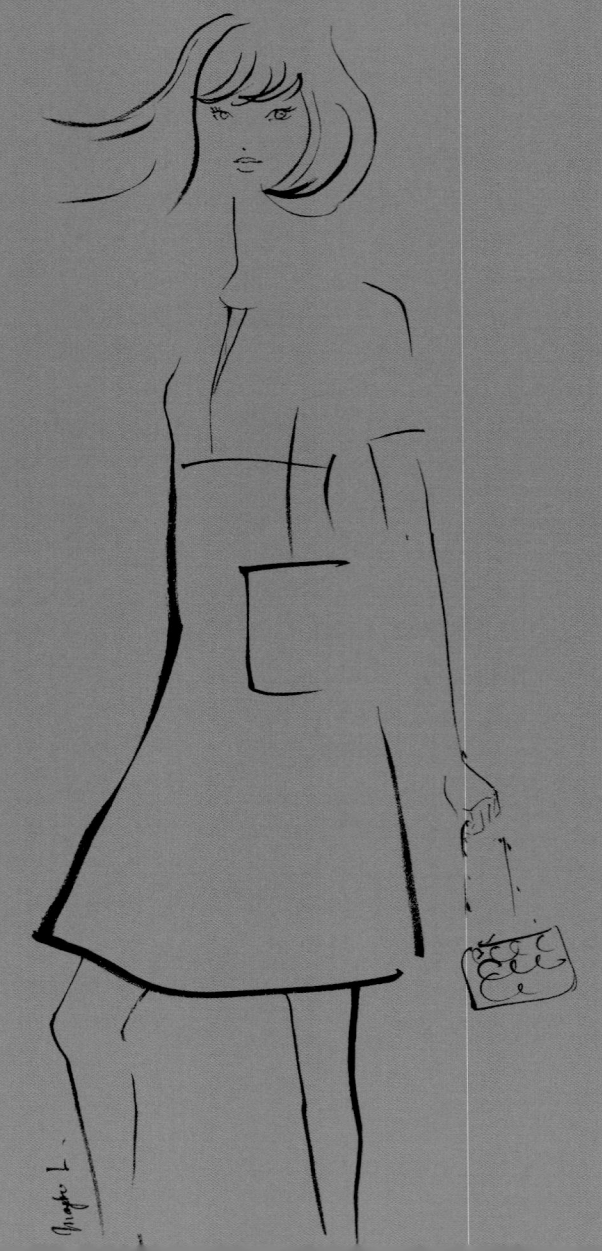

Pattern III
M

M 胸元スラッシュ半袖ワンピース
How to make ___ P.57, 61
発色が美しい生地は単色で使うと華やかな印象に。
胸元スラッシュと細身のシルエットで
視点をトップにもっていきます。顔映りがはえる一枚です。
実物大型紙 **CD**

N デニムの胸元スラッシュ半袖ワンピース
How to make __ P.57, 61
素材をデニムにすると、きちんと感のある
きれい目カジュアルに。デニムは着ていくうちに
風合いも生まれ、日常着として重宝します。

実物大型紙 C D

Pattern
III
N

Pattern III

o

o 胸元スラッシュバイカラー　パイピング風切り替えワンピース

How to make ___ P.57, 62

身ごろやパイピングの布の色を変えて
ベージュ×黒のバイカラー（2色の配置）を
組み合わせると上品な仕上がりに。
ベージュの身ごろに黒の切り替えもおすすめです。

実物大型紙 **C D**

Pattern III

P 胸元スラッシュ　ノースリーブワンピース

How to make __ P.57, 63

夏を快適に過ごすため、
ストレッチ生地を使用してノースリーブに。
リラックス感ときちんと感の両方をかなえる一枚です。

実物大型紙 **C D**

**Q 胸元スラッシュ
　七分袖ワンピース**
How to make __ P.57, 63
冬におすすめのファーと合わせるコーディネート。
肌を美しく見せてくれるブルーの生地で、
存在感を際立たせて。

実物大型紙 **C D**

サイズの選び方

実物大型紙はS、M、L、LL、3Lの5サイズあります。サイズ表のヌード寸法のバスト、ヒップ寸法に自分の寸法を当てはめてサイズを選んでください。寸法が中間の場合は、ゆとりが少なめでもよい方は小さいほうのサイズを、ゆったりと着たい方は大きいほうのサイズを選びます。市販のご自身のサイズを選んで、身長で長さを調節するのがベストです。
実物大型紙の着丈をA丈とし、B丈はプラス4cm、C丈はプラス8cmとします。

サイズ表 （単位：cm）

サイズ	箇所	S	M	L	LL	3L
ヌード寸法	バスト	79	83	87	91	95
	ヒップ	88	92	96	100	104
	身長		150〜	160〜	165〜	170〜175

How to make

自分にピッタリ合って、美しく見える服を見つけることは
簡単なことではありません。とはいえ、お金をかけなければ
おしゃれができないということでもないのです。
その人の体型に合って、やせて見えながら、
その人自身が輝いて見える服。
ぜひハンドメイドして、ピッタリの一枚を作ってください。

基本的な道具

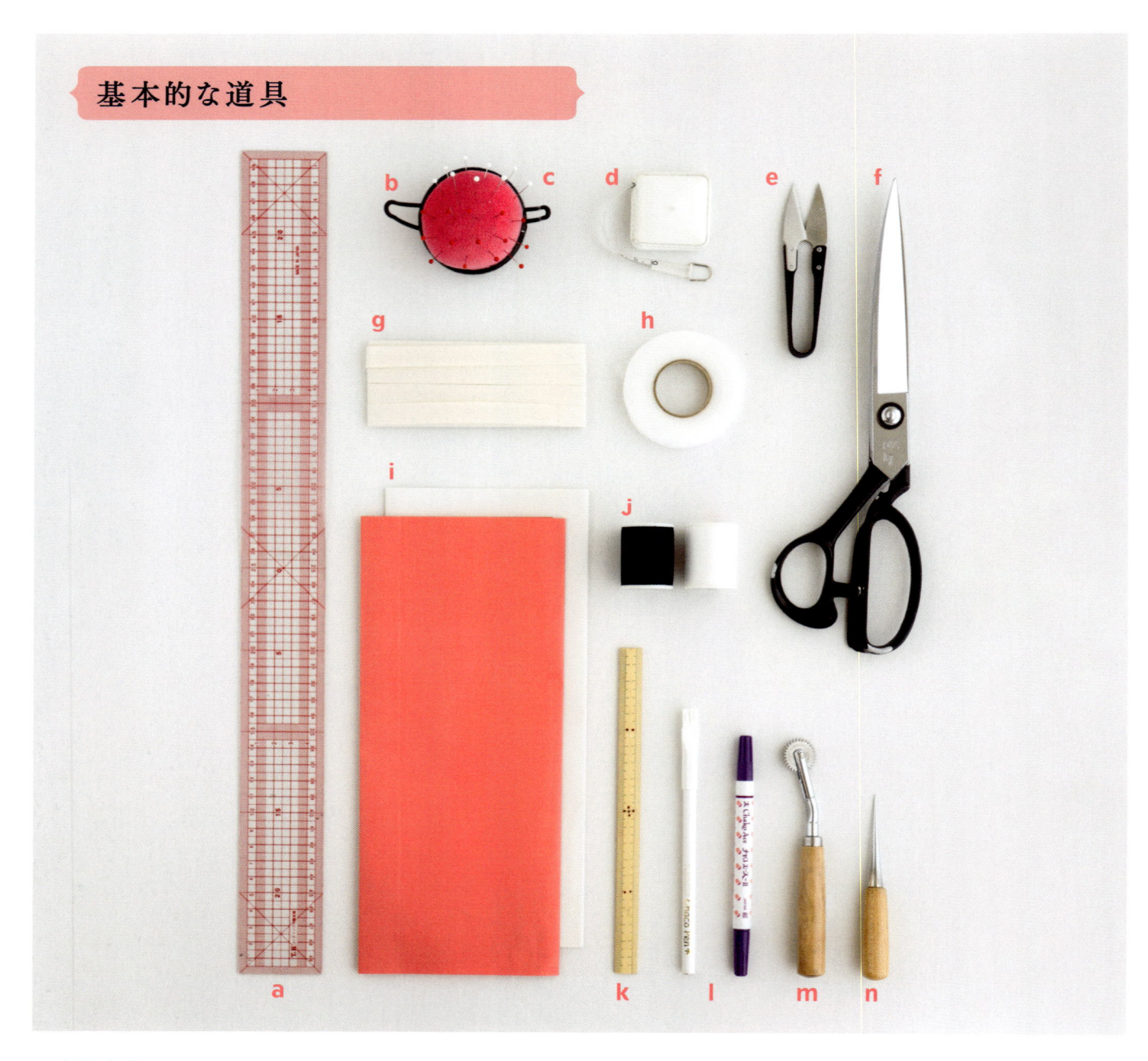

a 方眼定規
方眼のラインで平行線を引くことができて便利。

b 針山
作業中、まち針などを刺しておきます。

c まち針
布がずれないようにまち針でとめます。

d メジャー
採寸や、カーブの長さを測るのに使います。

e 糸切りばさみ
糸を切るのに使います。

f 裁ちばさみ
布以外のものを切ると切れ味が落ちるので布専用に。

g バイアステープ
両折れタイプ。衿ぐりや袖ぐりの始末、パイピングに使います。

h 熱接着両面テープ
布がずれないように固定するのに使います。

i チャコペーパー
布に型紙を写したり、縫い代をつけたりに使います。水で消えます。

j ニット用ミシン糸
ナイロン100％で、伸びに強い糸。

k ものさし
小さなサイズのものは、縫い代の幅を測るのに便利。

l チャコペンシル
印つけに使います。ブラシ付きやサインペンなど、どちらも水で消えます。

m ルレット
チャコペーパーで印をつけるときに使います。

n 目打ち
角を整えたり、縫い目をほどいたりに使います。

ミシン糸とミシン針

ごく薄い布　　　　90番の糸／9号針
普通の厚さの布　　60番、50番の糸／11号針
普通〜厚地の布　　30番の糸／14号針
デニムなど厚地の布　20番の糸／16号針

布の名称

布幅　布の横地の耳から耳まで。
耳　織り糸が折り返している両端。
縦地　耳に平行している布目で、裁ち方図に矢印で示しています。
横地　耳に対し直角の布目。
バイアス　縦地に対して45度の角度。伸びやすい。

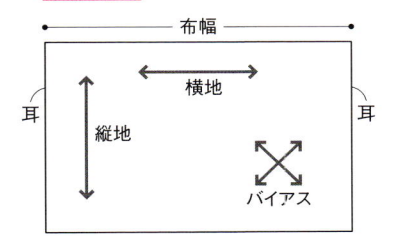

ソーイングの基本用語

わ
布地を2つに折ってできる部分を「わ」といいます。

縫い始め、縫い終わり
縫い始めや縫い終わりは、糸がほつれないように2〜3針ほど重ねて返し縫いします。

中表と外表
布地の表と表を向かい合わせて重ねることを「中表」といい、裏と裏を向かい合わせて重ねることを「外表」という。

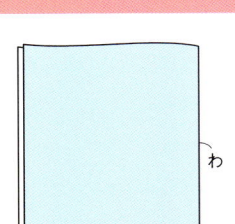

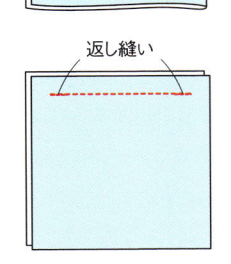

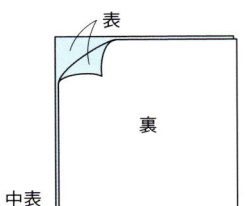

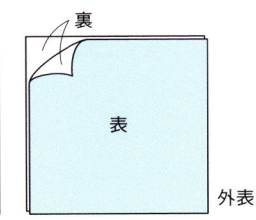

型紙を作る

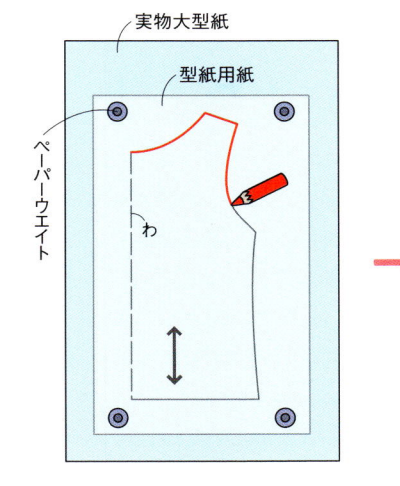

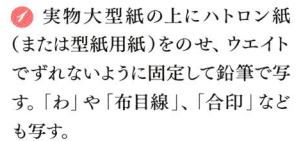

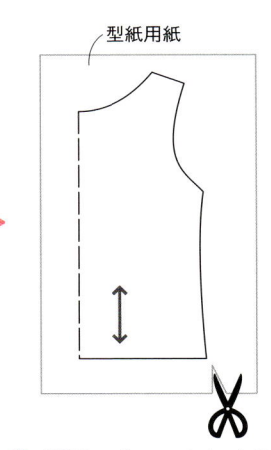

1. 実物大型紙の上にハトロン紙（または型紙用紙）をのせ、ウエイトでずれないように固定して鉛筆で写す。「わ」や「布目線」、「合印」なども写す。

2. 型紙をはずし、でき上がり線どおりにはさみで切る。

布を裁つ

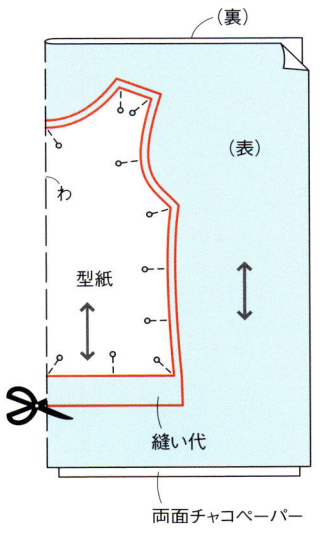

裁ち方図を参考に布を外表にして型紙を置き、両面チャコペーパーをはさんで、でき上がり線と指定の縫い代の印をつけて裁つ。

39

身長に合わせた型紙の作り方

バスト、ヒップサイズに合わせて型紙サイズを選ぶと、身長が合わない場合があります。
そのときは、身ごろのウエストライン、スカートの裾ライン、袖の袖口側のラインだけ、身長に合わせたサイズの線を利用します。

Lサイズ
身長150〜160cmの場合

脇はLの線
前スカート
裾はSの線
S（身長150〜160）
M（身長160〜165）
L・LL（身長165〜170）
裾線を延長
*他のパーツも同様

Mサイズ
身長165〜170cmの場合

脇はMの線
前スカート
M（身長160〜165）
S（身長150〜160）
裾はL・LLの線
L・LL（身長165〜170）
脇線を延長
*他のパーツも同様

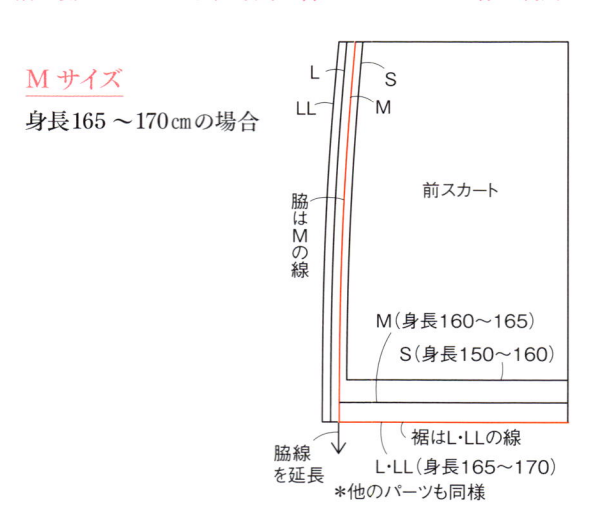

ボーダー柄の布の裁ち方

ポイントは前後の脇と袖下で、前身ごろと後ろ身ごろはダーツで、ボーダーを合わせること。

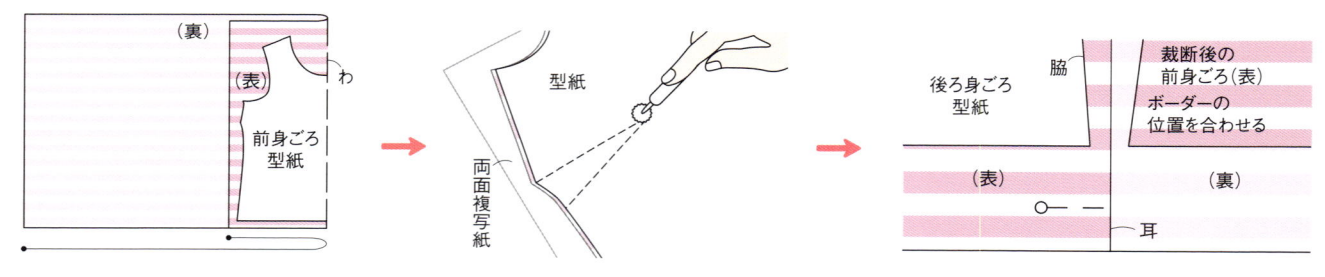

❶ ボーダー布の片側の端を、前身ごろの型紙の幅に合わせて外表に折る。このとき、重なった2枚の布のボーダーの位置を合わせ、ずれないようにまち針でとめてから、右端のわに前中心を合わせて前身ごろの型紙を置く。

❷ 前身ごろを裁つ位置が決まったら、型紙どおりに布をカットする。外表になっている布の間に両面複写紙をはさみ、ルレットでダーツをなぞってしるす。また、合印は布端に小さく切り込みを入れてしるすが、ダーツと同じように両面複写紙で印をつけてもよい。

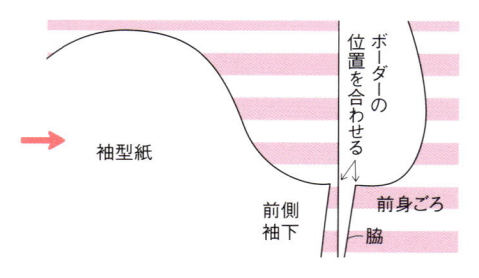

❸ 後ろ身ごろを裁つ。ボーダー布の反対側の端を、前身ごろと同じように後ろ身ごろの幅に合わせて外表に折り、裁ち方図を参照して型紙をのせる。このとき、裁断した前身ごろを横に並べ、ボーダーの位置を合わせて型紙の位置を決めて裁断する（前身ごろダーツ下から裾が合うように）。

❹ 布の残った部分で、袖を1枚ずつ裁断する。裁ち方図を参照。このとき前身ごろを横に並べ、前身ごろの脇と袖下のボーダー位置を合わせて裁つ。

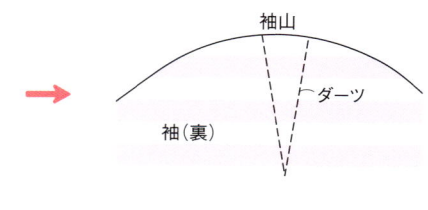

❺ 袖は、袖山のダーツ位置に印をつけておく。
❻ 裁断した前身ごろ、後ろ身ごろ、袖。前身ごろダーツ下と後ろ身ごろのボーダー、袖下のボーダー位置が合っている。

ポケットの作り方

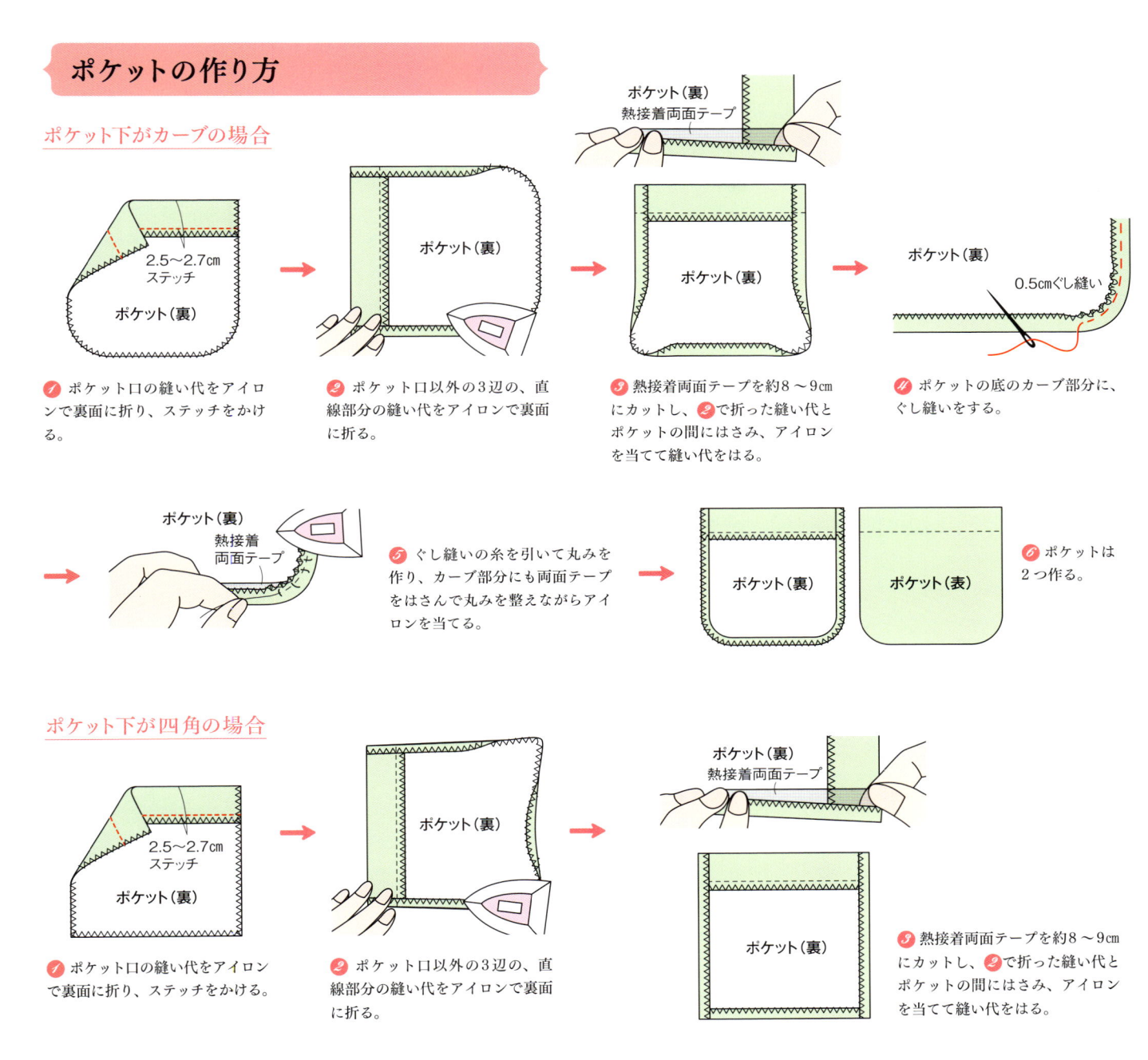

ポケット下がカーブの場合

1 ポケット口の縫い代をアイロンで裏面に折り、ステッチをかける。

2.5〜2.7cm ステッチ

2 ポケット口以外の3辺の、直線部分の縫い代をアイロンで裏面に折る。

3 熱接着両面テープを約8〜9cmにカットし、*2*で折った縫い代とポケットの間にはさみ、アイロンを当てて縫い代をはる。

4 ポケットの底のカーブ部分に、ぐし縫いをする。

0.5cmぐし縫い

5 ぐし縫いの糸を引いて丸みを作り、カーブ部分にも両面テープをはさんで丸みを整えながらアイロンを当てる。

6 ポケットは2つ作る。

ポケット下が四角の場合

1 ポケット口の縫い代をアイロンで裏面に折り、ステッチをかける。

2.5〜2.7cm ステッチ

2 ポケット口以外の3辺の、直線部分の縫い代をアイロンで裏面に折る。

3 熱接着両面テープを約8〜9cmにカットし、*2*で折った縫い代とポケットの間にはさみ、アイロンを当てて縫い代をはる。

箱ポケットの場合

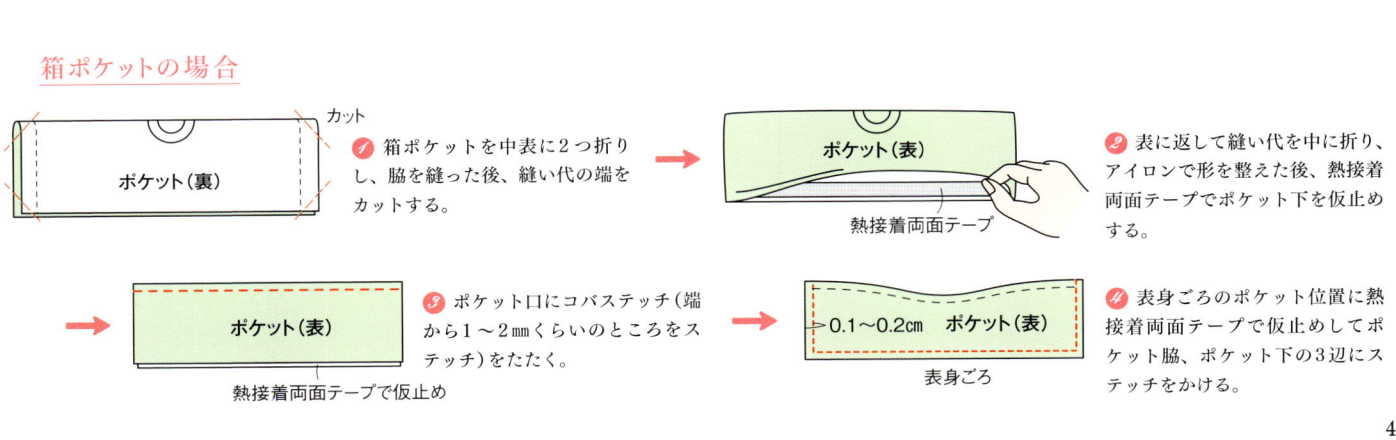

カット

1 箱ポケットを中表に2つ折りし、脇を縫った後、縫い代の端をカットする。

2 表に返して縫い代を中に折り、アイロンで形を整えた後、熱接着両面テープでポケット下を仮止めする。

熱接着両面テープ

3 ポケット口にコバステッチ(端から1〜2mmくらいのところをステッチ)をたたく。

熱接着両面テープで仮止め

0.1〜0.2cm ポケット(表)

表身ごろ

4 表身ごろのポケット位置に熱接着両面テープで仮止めしてポケット脇、ポケット下の3辺にステッチをかける。

ストレッチ素材を美しく縫うための
5つのポイント

作った後、家で洗濯できて、アイロンなしですぐ着ることができる服を作るのがおすすめ。
洗濯ができてアイロン不要のものとは？ ポリエステルやレーヨンの中にポリウレタンが1％でも入っている、
ストレッチ性のある混合素材がベストです。洗濯後にアイロンしなくていいし、裁断してもほつれず、
巻いてこない、ミシンも縫いやすい、まさに初心者向けの生地です。

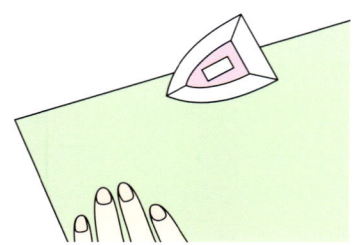

Point 1 急がば アイロン

縫製はアイロンが命。きれいに仕上げるには、アイロンをかけながらが一番の近道。アイロンは、常にそばに置いておきましょう。これはどんな素材でも同じです。

Point 2 ダブルステッチで市販のロック2本針仕様のデザインに

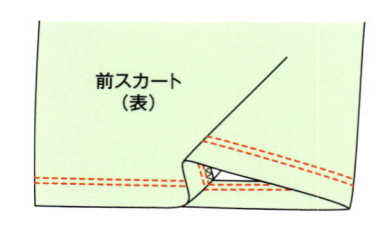

ストレッチ生地は、スカートの裾など手まつりだとほどけがちですが、ダブルステッチをすれば、強度と美しさの2つがかないます。

Point 3 市販アイテムを上手に使おう

バイアステープ
衿ぐりや袖ぐりの始末にバイアステープを使いましょう。厚みも出ずスッキリ仕上がり、伸び止めにもなります。

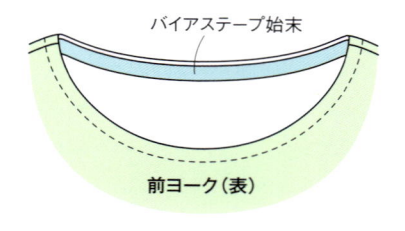

熱接着両面テープ
ポケット作製時や、ポケットを身ごろにつけるとき、衿ぐりバインダーをつけるとき、裾の縫い代をステッチするときなど、動いて縫いにくい場所は、アイロン接着で仮止めしてから縫うと、簡単にきれいに仕上がります。

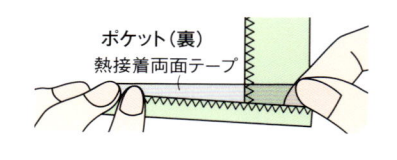

Point 4 ニット用ミシン糸で縫おう

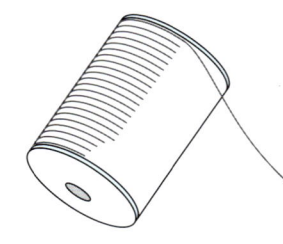

ストレッチ生地のときは、ポリエステル普通糸より、ニット用ミシン糸がおすすめ。裾まわりなど伸縮の多い部分でも糸が切れません。伸びない生地でしたらポリエステル普通糸でOKです。

Point 5 ダーツや合印は裁断時にしっかりと

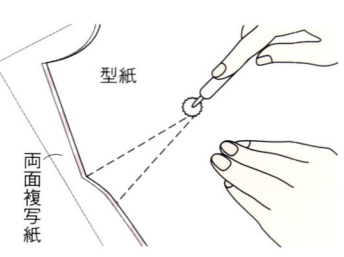

基礎をしっかりすることが近道です。しっかり印がついていれば合わせやすく、縫いやすいです。

天竺の縫い方のポイント

ストレッチ素材の中でも、Tシャツなどによく使われている天竺は、裁ち端が丸まってしまうので、縫うときに下記のようにします。

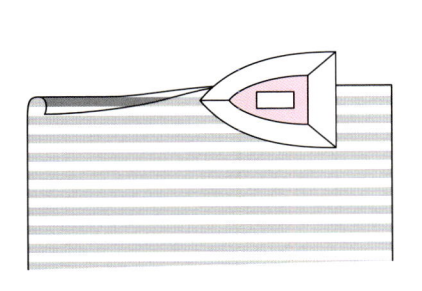

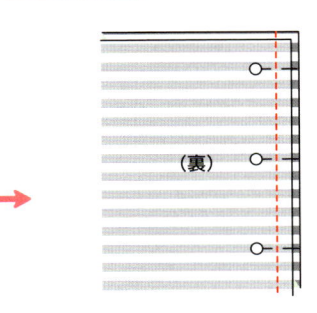

① 端が丸まったままでは正確に縫えないので、まず、アイロンで裁ち端を押さえて、できるだけ平らにする。

② 縫い合わせる2枚を中表に合わせてまち針でとめ、布端を平らに整えてながらミシンをかける。

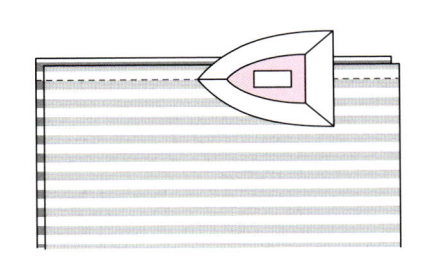

③ 縫い終わったらもう一度、縫い目にアイロンをかけて整える。

Point 生地を選ぶときにやっていること

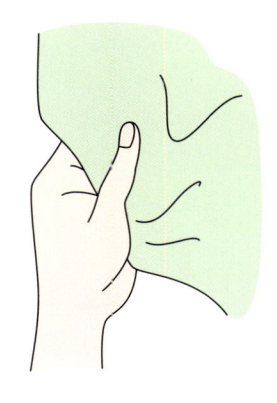

まず、触る。触ったら、くしゃっ、とつかんでみましょう。

↓

くしゃっ、として生地がシワシワになってしまったら、着ていてシワシワになる生地です。

↓

シワにならずに、元の生地に戻ったら、着ていてシワにならずに、アイロン不要の生地です。

↓

そしてタグを見ましょう。ポリエステルでも、レーヨンでも、コットンでも、混率1%でもポリウレタン（Polyurethane：PUと書いてあることもあります）が入っていると、伸縮性があって、洗濯後にアイロンしなくて済みます。

No.
col.
110cm巾
ポリエステル　95%
ポリウレタン　5%

43

Pattern I

フレンチスリーブパターン
基本の作り方

〔材料〕 5サイズ共通

表布…110cm幅の場合×210cm
　　　（**B**丈はプラス5cm／**C**丈はプラス10cm）
　　　130cm幅の場合×120cm（S〜2L）
　　　　　　　　　×210cm（3L）
　　　（**B**丈はプラス5cm／**C**丈はプラス10cm）

実物大型紙 Ⓐ面

着丈…S：88cm、M：89cm、L：90cm、
　　　2L：91cm、3L：92cm、（**A**丈）
　　　B丈はプラス4cm、**C**丈はプラス8cm

[配色布を別布使用の場合]

＊10ページ A の作品

表布…110cm幅の場合×160cm
　　　（**B**丈はプラス5cm／**C**丈はプラス10cm）
　　　130cm幅の場合×90cm
　　　（**B**丈はプラス5cm／**C**丈はプラス10cm）
別布…110cm幅の場合×60cm
　　　130cm幅の場合×30cm

＊11ページ B の作品

表布…110cm幅の場合×190cm
　　　（**B**丈はプラス5cm／**C**丈はプラス10cm）
　　　130cmの場合×100cm（S〜2L）
　　　　　　　　×190cm（3L）
　　　（**B**丈はプラス5cm／**C**丈はプラス10cm）
別布…110cm幅の場合×90cm
　　　130cm幅の場合×50cm

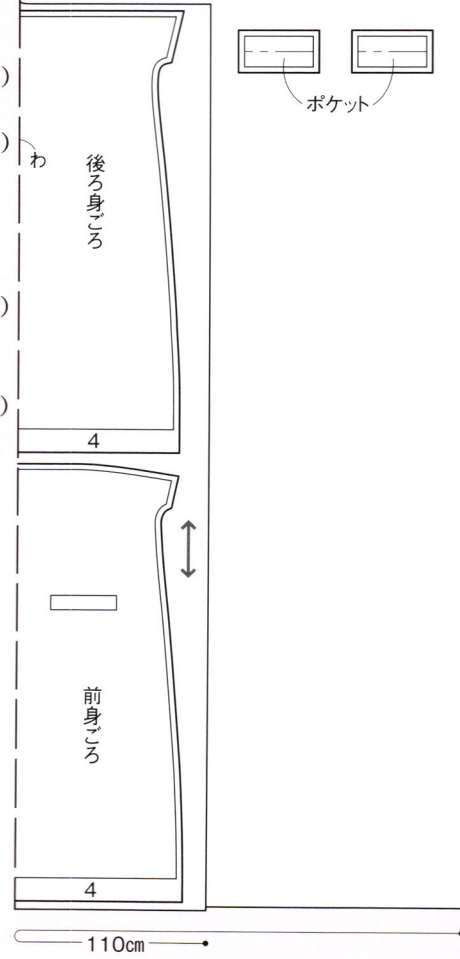

〔裁ち方図〕 縫い代は指定以外1cm

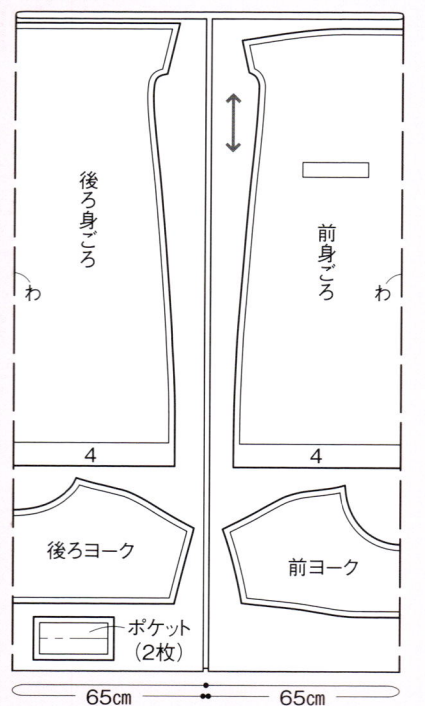

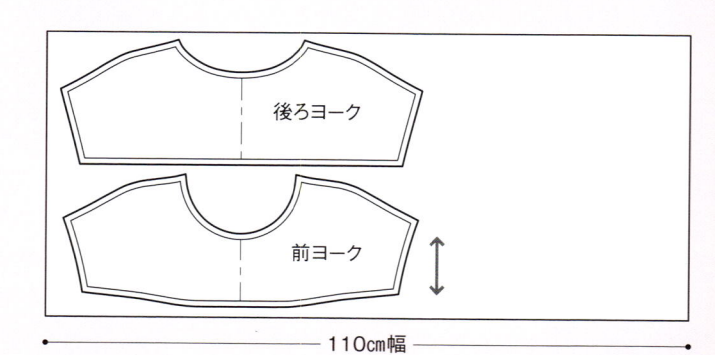

〔作り方手順〕

2. 肩を縫う
6. 衿ぐりを縫う
4. 袖口を縫う
1. ヨークをつける
3. 身ごろを縫い合わせる
5. 裾の始末をする

1. ヨークをつける

1. 前ヨークと前身ごろ、後ろヨークと後ろ身ごろをそれぞれ中表に合わせて縫う。縫い代は2枚一緒にジグザグミシン（またはロックミシン）をかける。

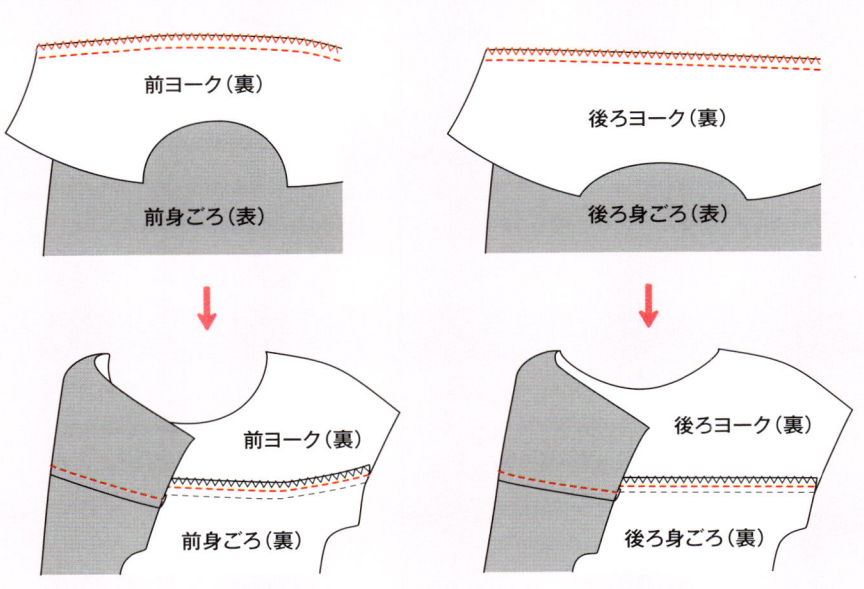

前ヨーク（裏）
前身ごろ（表）

後ろヨーク（裏）
後ろ身ごろ（表）

2. 縫い代をヨーク側に倒してアイロンで整え、表面からステッチをかける。

前ヨーク（裏）
前身ごろ（裏）

後ろヨーク（裏）
後ろ身ごろ（裏）

45

2. 肩を縫う

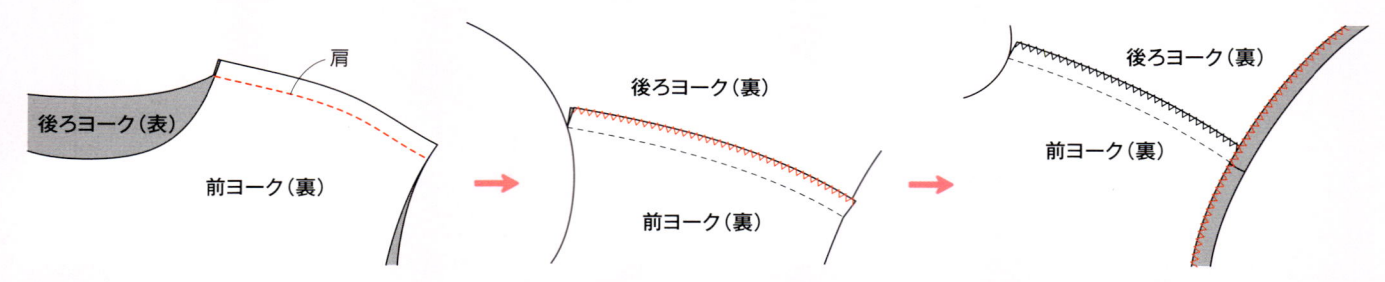

1. 前ヨークと後ろヨークの肩を中表に合わせて縫う。

2. 肩縫い代を2枚一緒にジグザグミシン（またはロックミシン）で始末し、後ろ側に倒してアイロンで整える。

3. 袖口にジグザグミシン（またはロックミシン）をかけ、縫い代1cmをアイロンで折っておく。

3. 身ごろを縫い合わせる

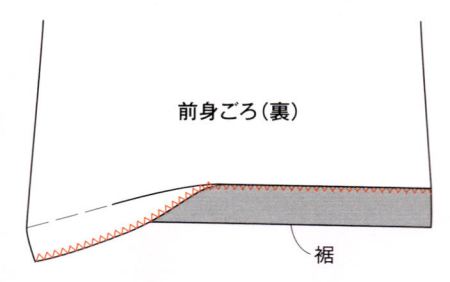

1. 前身ごろ、後ろ身ごろの裾にジグザグミシン（またはロックミシン）をかけ、裾縫い代をアイロンで裏面に折る。

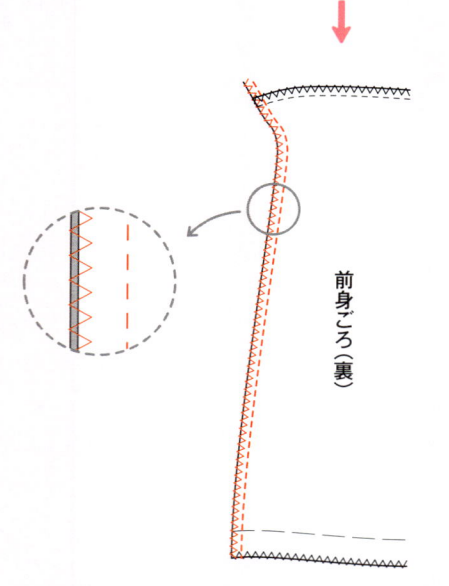

2. 前身ごろと後ろ身ごろを中表に合わせ、裾の折り山を一度開いて脇を縫う。ミシンの縫い始めと縫い終わりは返し縫いをして、縫い代は2枚一緒にジグザグミシン（またはロックミシン）をかける。

4. 袖口を縫う

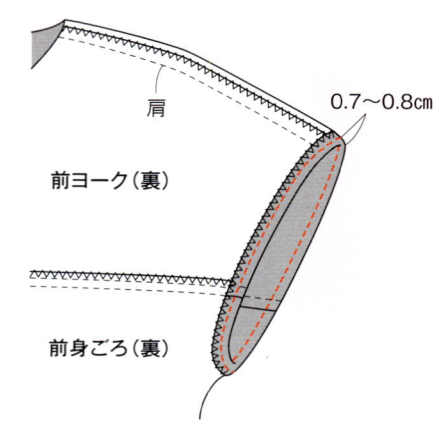

袖口の縫い代をもう一度折って整え、ステッチをかける。

5. 裾の始末をする

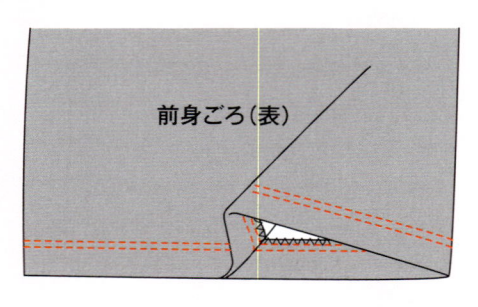

裾の縫い代をもう一度折って整え、ステッチを2本かける。2本目は1本目をガイドに0.5cmのところにステッチをかける。

6. 衿ぐりを縫う

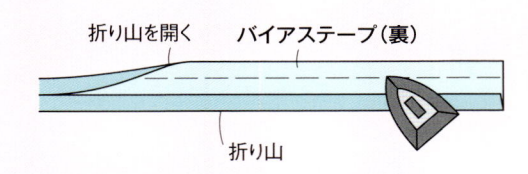

1. バイアステープの片方の折り山を開き、バイアステープを伸ばしながらアイロンをかける。バイアステープは衿ぐりの伸び止めも兼ねている。

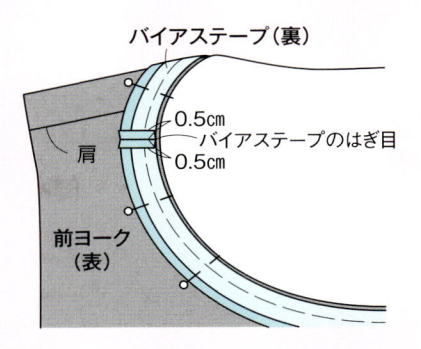

2. 身ごろの衿ぐりにバイアステープを中表に合わせてまち針でとめる。このとき、テープは肩の2〜3cm前寄りから衿ぐりに沿わせ、ぐるっと1周したらテープの終わりと始めを突き合わせに折ってはぎ合わせ位置を決める。そのテープのはぎ合わせ位置でバイアステープを中表に合わせて縫い、縫い代を0.5cmにカットしておく。

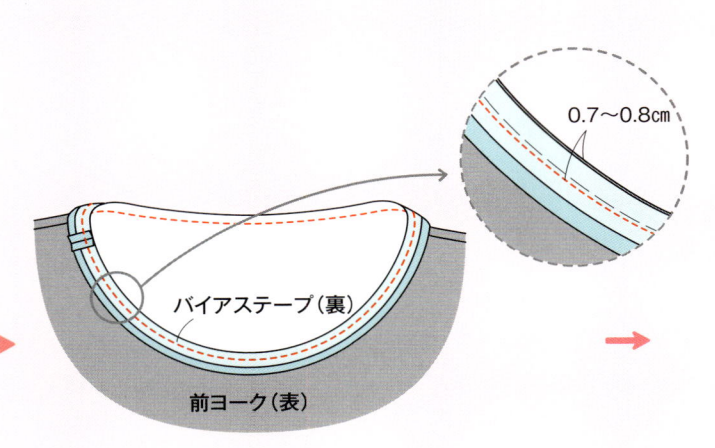

3. 衿ぐりを0.7〜0.8cmの縫い代で縫う。

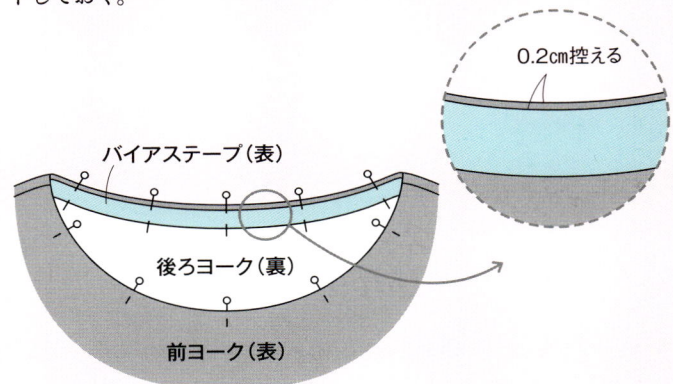

4. バイアステープを身ごろの裏面に返し、テープを0.2cmぐらい控えてアイロンで整え、まち針でとめる（熱接着両面テープでバイアステープをアイロンで押さえておいてもよい）。

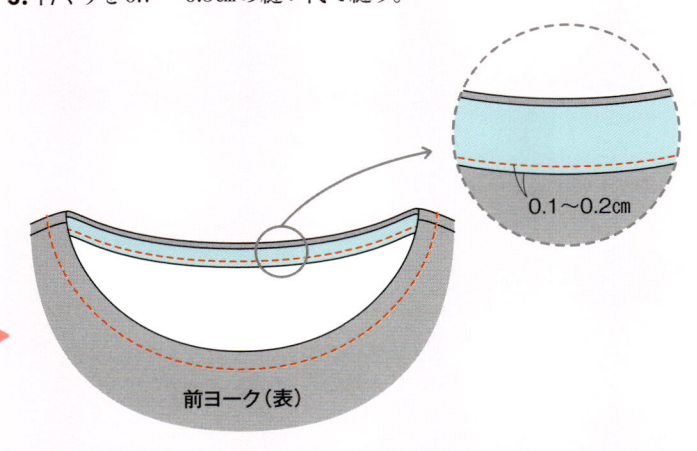

5. バイアステープの端にステッチをかける。

Pattern 1

A *Photo__P.10*
ボーダーフレンチワンピース

〔材料〕※布の用尺は p.44 参照
表布…綿100％ストレッチ布またはポリウレタン入りストレッチ布
ヨーク布…綿100％ストレッチ布またはポリウレタン入りストレッチ布
バイアステープ（両折れタイプ）…1.3㎝幅　80㎝
ニット用ミシン糸

〔作り方ポイント〕
身ごろのボーダーをヨークの色と配色になるように、ヨークと身ごろの切り替え位置から柄合わせしてください。縫い方は p.44〜47 参照。

〔作り方手順〕
1. ヨークをつける。→ 2. 肩を縫う。→ 3. 身ごろを縫い合わせる。→ 4. 袖口を縫う。→ 5. 裾の始末をする。→ 6. 衿ぐりを縫う。

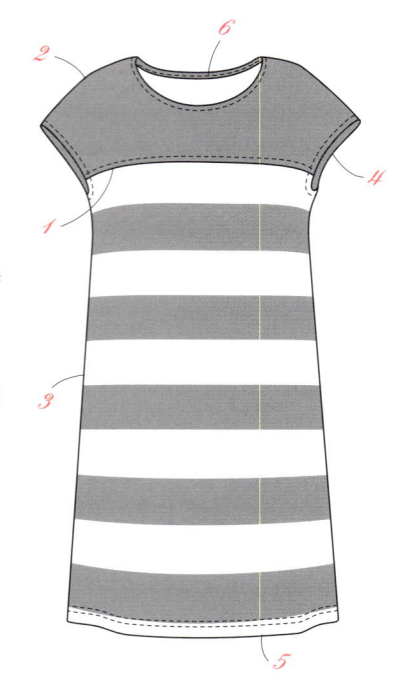

Pattern 1

B *Photo__P.11*
バイカラーフレンチスリーブワンピース

〔材料〕※布の用尺は p.44 参照
表布…綿100％ストレッチ布またはポリウレタン入りストレッチ布
配色布…綿100％ストレッチ布またはポリウレタン入りストレッチ布
バイアステープ（両折れタイプ）…1.3㎝幅　80㎝
ニット用ミシン糸
熱接着両面テープ
ボタン…直径1.5㎝　2個

〔作り方ポイント〕
基本の身ごろの裾から12㎝のところで切り替えて、ヨーク、裾、ポケットを配色にします。★の縫い方は p.44〜47 を参照。

〔作り方手順〕
1. 前後身ごろにヨークの縫い代と、裾の切り替え布の縫い代を合わせてそれぞれ縫う。→ 2. それぞれの縫い代にジグザグミシンをかけ、ヨーク側、切り替え布側にアイロンで倒し、0.5㎝のステッチをかけておく。→ 3. 箱ポケットを作って身ごろにつける。※p.41参照。→ 4. ★肩を縫う。→ 5. ★身ごろを縫い合わせる。→ 6. ★袖口を縫う。→ 7. ★裾の始末をする。

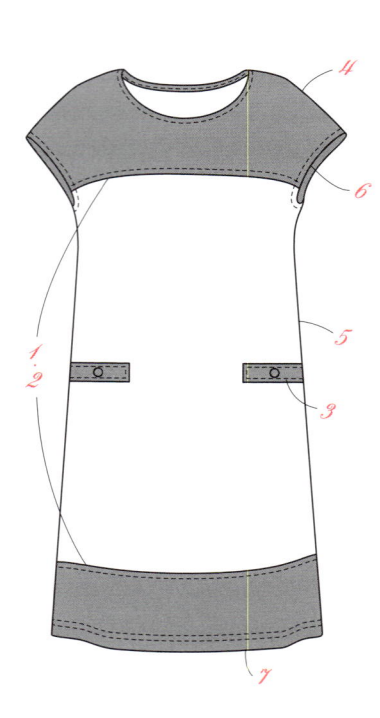

Pattern 1

C Photo＿P.12
ウエストギャザーフレンチスリーブワンピース

〔材料〕※布の用尺は p.44 参照
表布…薄手の綿100％ストレッチ布またはポリウレタン入りストレッチ布
ニット用ミシン糸
平ゴム…6mm幅 70～80cm（長さはウエストサイズによる）

〔作り方ポイント〕
身ごろの脇を片方縫った段階で、ゴムを伸ばしながら身ごろ裏に縫いつけます。生地が薄い場合は、ヨークを2枚仕立てにすると美しく仕上がります。★の縫い方は p.44～47 参照。

〔作り方手順〕
1. 前ヨークと後ろヨークの表と表、裏と裏で肩を縫う。→ 2. 肩を縫ったヨークを中表にして、衿ぐりと袖口を縫った後、表に返してアイロンで整え、衿ぐりを裏コバステッチで始末する（裏コバステッチとは、縫い代を裏側へ倒してステッチで押さえること）。→ 3. 身ごろとはぐ縫い代を0.7cmのステッチをかけて1枚仕立てにしておく。→ 4. 身ごろの袖ぐりをジグザグミシンをかけ、縫い代を1cm折り上げておく。→ 5. ★ヨークをつける。→ 6. 身ごろを縫い合わせる。片方の脇を縫ったら、平面の状態で70cm＋αの平ゴムを伸ばしてミシンで身ごろにつける。もう片方の縫い代も縫い合わせる。→ 7. ★袖口にステッチをかける。→ 8. ★裾の始末をする。

裏コバステッチ

Pattern 1

D Photo＿P.13　E Photo＿P.14
フレンチスリーブワンピース

〔材料〕※布の用尺は p.44 参照

D
表布…デニム生地
バイアステープ（両折れタイプ）…1.3cm幅 80cm
ポリエステルミシン糸 60番
ポリエステルミシン糸 30番

E
表布…ポリエステルまたはポリウレタン入りストレッチ生地
バイアステープ（両折れタイプ）…1.3cm幅 80cm
ニット用ミシン糸 50番

〔作り方ポイント〕
デニム生地の場合は、ステッチ糸を30番にして、白や赤、茶など色を変えると表情が出ます。縫い方は p.44～47 参照。

〔作り方手順〕
1. ヨークをつける。→ 2. 肩を縫う。→ 3. 身ごろを縫い合わせる。→ 4. 袖口を縫う。→ 5. 裾の始末をする。→ 6. 衿ぐりを縫う。

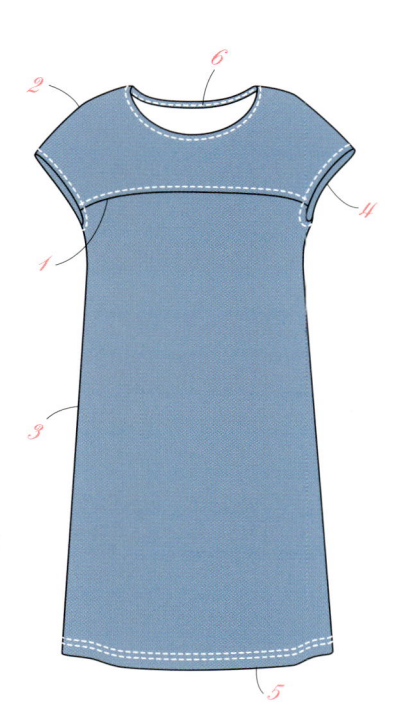

49

Pattern II ベーシックパターン
基本の作り方

〔材料〕 5サイズ共通
表布… 110cm幅の場合×210cm
　　　130cm幅の場合×150cm
　　　半袖は130cm幅×130cm
　　　（B丈はプラス5cm／C丈はプラス10cm）
　　　※130cm以上はこの用尺でOK

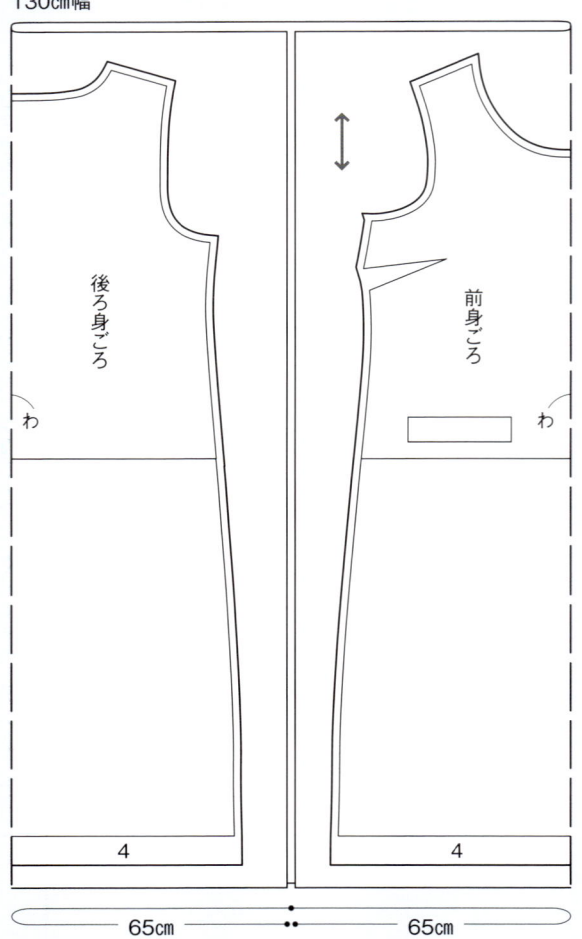

実物大型紙　❸❹面

[別布使用の場合]
＊18ページF、22ページIの作品
表布… 110cm幅の場合×110cm
　　　130cm幅の場合×100cm
別布… 110cm幅の場合×120cm（B丈はプラス5cm／C丈はプラス10センチ）
　　　130cm幅の場合×70cm（B丈はプラス5cm／C丈はプラス10センチ）

着丈… オールサイズ92cm（A丈）
　　　B丈はプラス4cm、C丈はプラス8cm

〔裁ち方図〕 縫い代は指定以外1cm

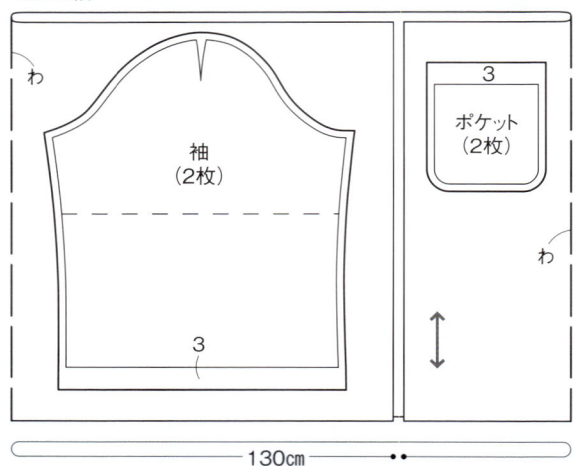

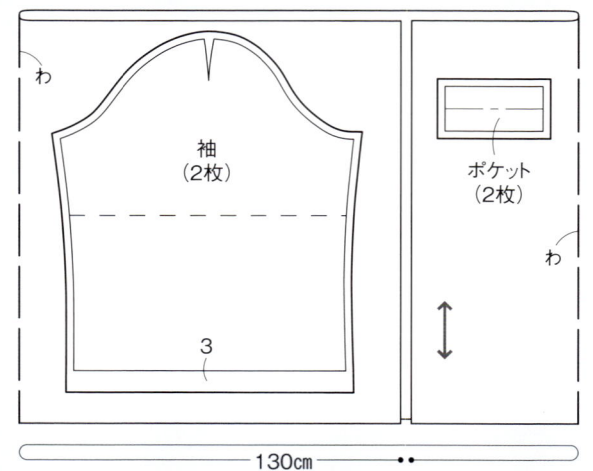

〔作り方手順〕

3. 肩を縫う
7. 衿ぐりを縫う
1. ダーツを縫う
4. 袖をつける
5. 脇から袖下を縫う
2. 袖口と裾にジグザグミシンをかける
6. 裾の始末をする

1. ダーツを縫う

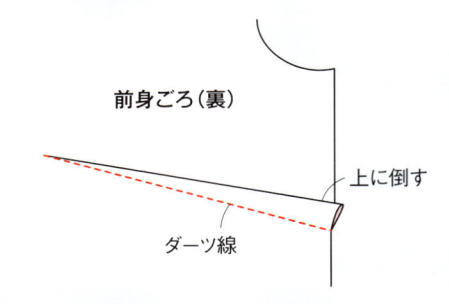

前身ごろ（裏）
上に倒す
ダーツ線

1. 胸ダーツをミシンで縫い、縫い代を上側に倒してアイロンで整える。ミシンの縫い始めと縫い終わりは返し縫いする。

後ろに倒す　ダーツ線
袖（裏）

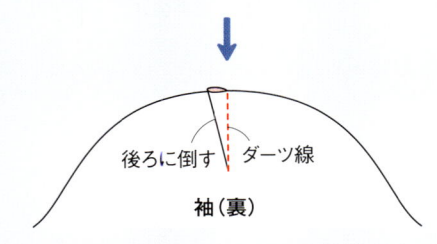

2. 袖山ダーツをミシンで縫い、縫い代を後ろ側に倒してアイロンで整える。ミシンの始めと終わりは返し縫いする。

2. 袖口と裾にジグザグミシンをかける

前身ごろ（裏）

袖（裏）

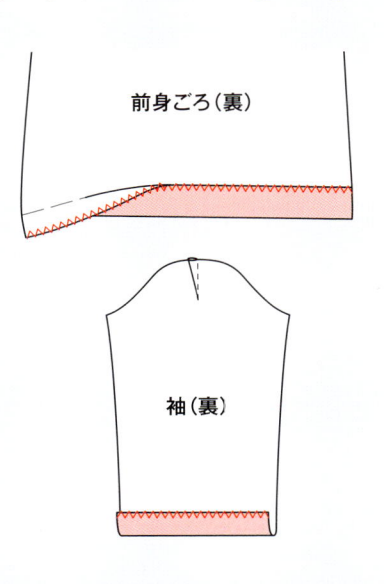

前身ごろと後ろ身ごろの裾、両袖口にジグザグミシン（またはロックミシン）をかけ、縫い代をアイロンで折り上げておく。

3. 肩を縫う

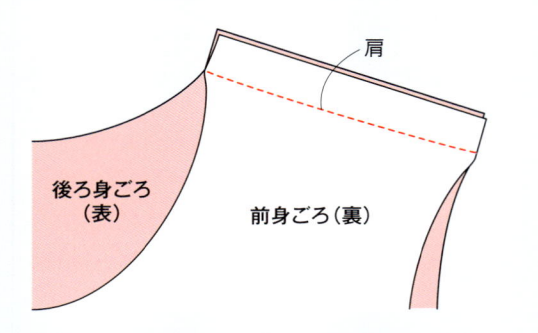

1. 前身ごろと後ろ身ごろの肩を中表に合わせて縫う。

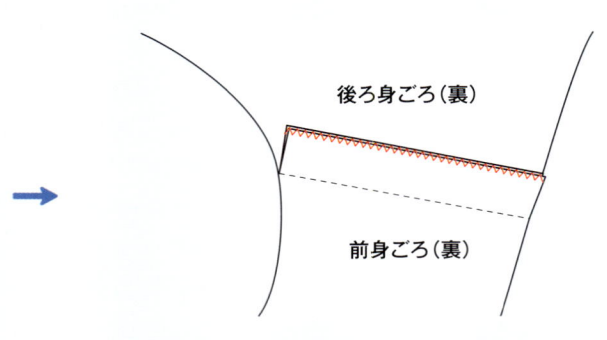

2. 縫い代を2枚一緒にジグザグミシン（またはロックミシン）で始末し、後ろ側に倒してアイロンで整える。

4. 袖をつける

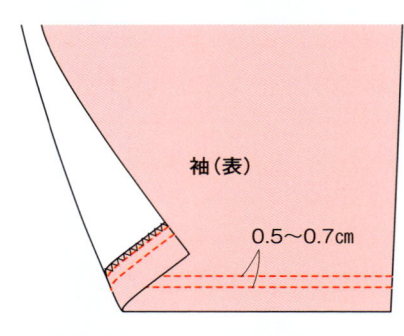

1. アイロンで縫い代を折り上げた袖口に、ステッチを2本かける。2本目は1本目をガイドに0.5～0.7cmのところにステッチをかける。

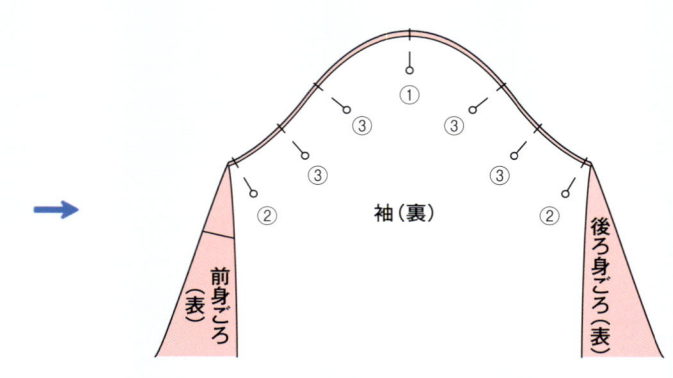

2. 身ごろの袖ぐりに袖を中表に合わせてまち針でとめる。身ごろの肩と袖山（①）、身ごろの脇と袖下（②）、間（③）の順にとめ、さらに間をまち針でとめる。

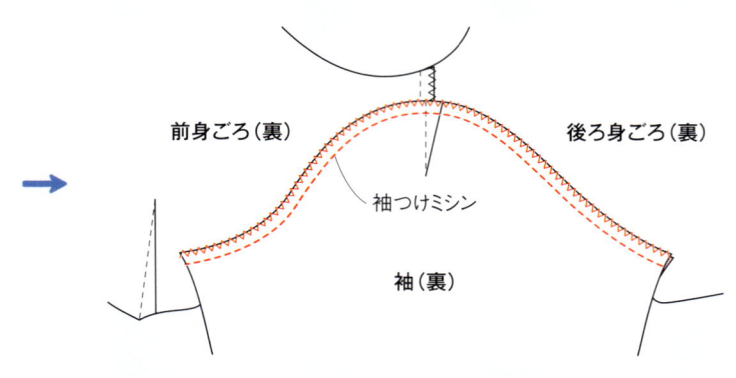

3. 袖つけミシンをかける。縫い代は2枚一緒にジグザグミシン（またはロックミシン）で始末して袖側に倒す。

5. 脇から袖下を縫う

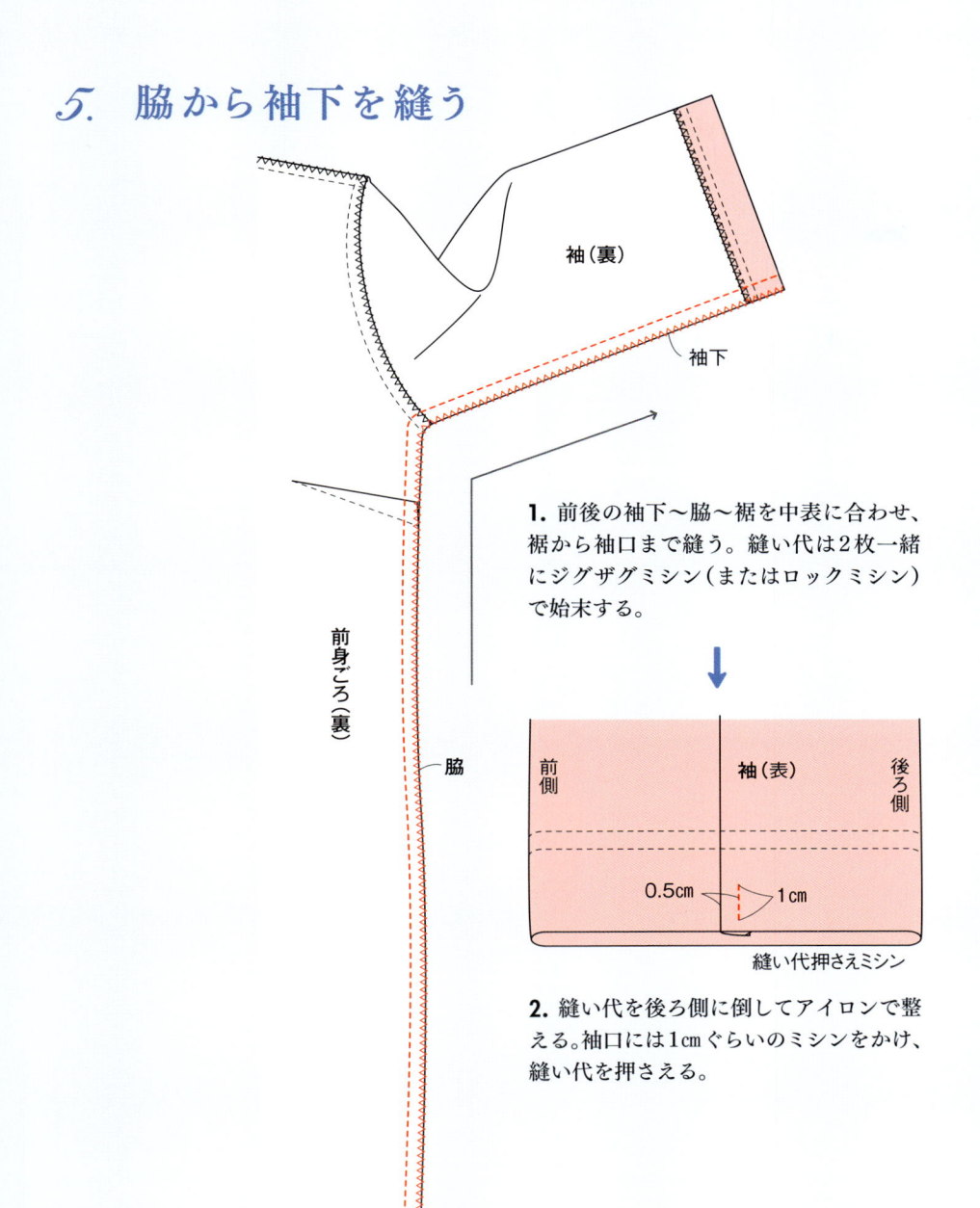

1. 前後の袖下〜脇〜裾を中表に合わせ、裾から袖口まで縫う。縫い代は2枚一緒にジグザグミシン（またはロックミシン）で始末する。

縫い代押さえミシン

2. 縫い代を後ろ側に倒してアイロンで整える。袖口には1cmぐらいのミシンをかけ、縫い代を押さえる。

6. 裾の始末をする

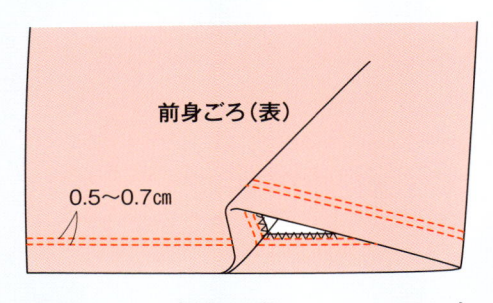

裾の縫い代をもう一度折って整え、ステッチを2本かける。

7. 衿ぐりを縫う

※ p.47の **6** 参照。

Pattern II

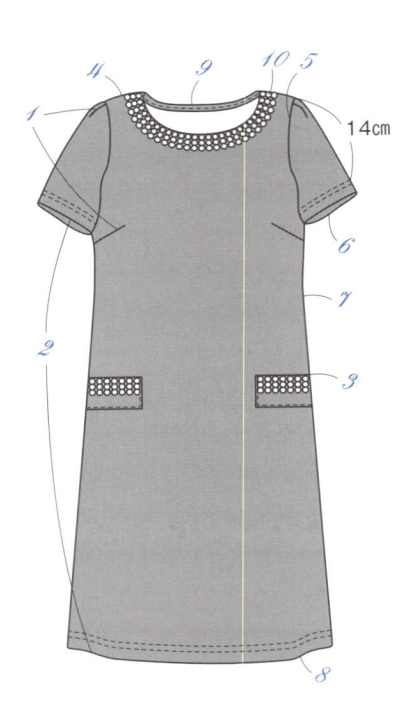

F *Photo___P.18*　**I** *Photo___P.22*

ウエスト切り替えワンピース

〔材料〕※布の用尺はp.50参照

F
表布A … ボーダー天竺163cm幅：S・M 70cm、L 80cm、LL 90cm
表布B … ポリウレタン入りストレッチ150cm幅：S・M 60cm、L・LL 70cm
バイアステープ（両折れタイプ）… 1.3cm幅 80cm
ニット用ミシン糸 … 表布A・Bに合わせて2色

I
表布A … ポリウレタン入りストレッチ布
表布B … ラメ入りツイード布（ツイード布は縫い代に伸び止めテープを貼る）
バイアステープ（両折れタイプ）… 1.3cm幅 80cm
伸び止めテープ … 1.2cm幅 2.7m、ニット用ミシン糸 50番

〔作り方ポイント〕
基本の身ごろをローウエストで切り替え、カフスとスカートに表布Bを使います。上半身を縫った後、スカートを縫って上半身と縫い合わせます。★の縫い方手順はp.50～53を参照。

〔作り方手順〕
1. ★ダーツを縫う。→ 2. 袖口カフスと袖を縫い合わせ、縫い代にジグザグミシンをかけ、カフス側に倒してステッチをかける。→ 3. ★肩を縫う。→ 4. ★袖をつける。→ 5. ★脇から袖下を縫う。→ 6. ★衿ぐりを縫う。→ 7. スカート裾にジグザグミシンをかける。→ 8. ★スカートの脇を縫う。→ 9. ★裾の始末をする。→ 10. 身ごろとスカートを縫い合わせて、縫い代にジグザグミシンをかけ、スカート側に倒してステッチをかけ仕上げる。

Pattern II

G *Photo___P.19*

パールつきワンピース

〔材料〕※布の用尺はp.50参照
表布 … ポリエステル布
　　　　またはポリウレタン入りストレッチ布
バイアステープ（両折れタイプ）… 1.3cm幅 80cm
熱接着両面テープ
ニット用ミシン糸
パール … 直径0.8cm幅

〔作り方ポイント〕
基本の身ごろの袖を半袖（袖山から14cm上がり）にして、箱型ポケットをつけます。★の縫い方はp.50～53参照。

〔作り方手順〕
1. ★ダーツを縫う。→ 2. ★袖口と裾にジグザグミシンをかける。→ 3. ポケットを作り、身ごろにつける。※p.41参照。→ 4. ★肩を縫う。→ 5. ★袖をつける。→ 6. ★袖口の始末をする。→ 7. ★脇から袖下を縫う。→ 8. ★裾の始末をする。→ 9. ★衿ぐりを縫う。→ 10. パールをつけて仕上げる。パールはガイド線をきめて0.3cm間隔につけると、きれいに仕上がります。

Pattern II　H　Photo＿P.20
ポケットつきフロント切り替えワンピース

〔材料〕※布の用尺は p.50 参照
表布… 綿100％ストレッチ布
　　　 またはポリエステル布
　　　 またはポリウレタン入りストレッチ布
バイアステープ（両折れタイプ）…1.3cm幅 80cm
ニット用ミシン糸

〔作り方ポイント〕
基本の前身ごろを中心で切り替え、ステッチをかけます。ポケットは裾から37cmのところにポケットのパターンをつけて裁断し、脇を縫うときにポケットを続けて縫います。★の縫い方は p.50～53 参照。

〔作り方手順〕
1. 前中心の縫い代、裾、袖口にジグザグミシンをかける。→ 2. 前中心のはぎを縫う。縫い代を両側に倒してアイロンで押さえる。→ 3. ★ダーツを縫う。→ 4. ★肩を縫う。→ 5. ★衿ぐりを縫う。→ 6. 衿ぐりから前中心切り替えにステッチをかける。→ 7. ★袖をつける。→ 8. ★袖口の始末をする。→ 9. 裾～ポケット～脇～袖下を縫う。→ 10. ★裾の始末をして仕上げる。

ポケット口 13cm
37cm

Pattern II　J　Photo＿P.23
半袖ポケットワンピース

〔材料〕※布の用尺は p.50 参照
表布… 綿100％ストレッチ布
　　　 またはポリエステル布
　　　 またはポリウレタン入りストレッチ布
バイアステープ（両折れタイプ）…1.3cm幅 80cm
熱接着両面テープ
ニット用ミシン糸
ボタン…直径1.5cm 2個

〔作り方ポイント〕
基本の身ごろの袖を半袖にして、ポケットをつけます。チェックなど柄があるときは、p.40 の柄合わせを参考にしてください。
★の縫い方手順は p.50～53 参照。

〔作り方手順〕
1. ★ダーツを縫う。→ 2. ★袖口と裾にジグザグミシンをかける。→ 3. ポケットを作り身ごろにつける。※p.41参照。→ 4. ★肩を縫う。→ 5. ★袖をつける。→ 6. ★袖口の始末をする。→ 7. ★脇から袖下を縫う。→ 8. ★裾の始末をする。→ 9. ★衿ぐりを縫う → 10. ポケットにボタンをつけて仕上げる。

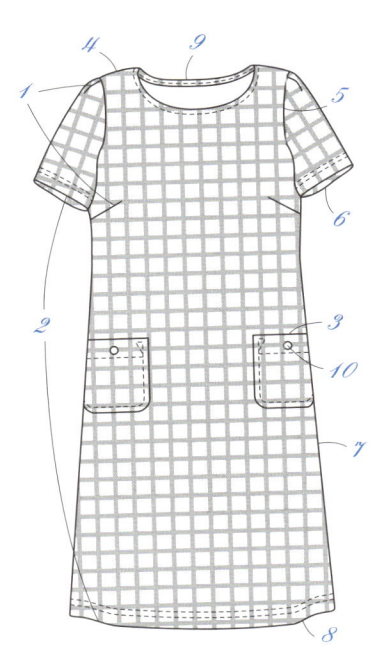

55

Pattern II

K Photo＿P.24
レースチュニック

〔材料〕※布の用尺は p.50 参照
表布…レース布
肌側身ごろ布…綿100％ストレッチ布
またはポリウレタン入りストレッチ布
バイアステープ…1.3cm幅　80cm
ニット用ミシン糸

〔作り方ポイント〕
レース布は透けるため、基本の身ごろのみレース布と肌側身ごろ布の2枚仕立てにして、裾のみ1枚仕立てにします。縫うときは、身ごろの衿ぐりと袖ぐりを1枚仕立てにして、裾は5cm差をつけて2枚をふらします。
★の縫い方は p.50～53参照。
※チュニック丈はご自身のヒップが隠れる着丈で調節してください。写真の着丈は70cmです。

〔作り方手順〕
1. レース布と肌側身ごろ布を、それぞれ別にダーツを縫う。→ 2. 肩をレース布と肌側身ごろ布を一緒に縫う。→ 3. 衿ぐりの縫い代に、0.7cmステッチをかけて、レース布と肌側身ごろ布を1枚仕立てにしてバイアステープで衿ぐりを縫う。→ 4. 肌側身ごろの脇を縫う。→ 5. レース布の脇を縫う。→ 6. 袖ぐりに0.7cmステッチをかけ、肌側身ごろとレース布を1枚仕立てにしておく。→ 7. レース布の袖下を縫う。→ 8. 袖口を0.5cm三つ折りにしてステッチをかける。→ 9. ★袖をつける。→ 10. 肌側身ごろ布とレース布の裾を0.5cmの三つ折りステッチで始末して仕上げる。

70cm

レース布と
肌側身ごろは5cm差

L Photo＿P.26
スカラップレースのワンピース

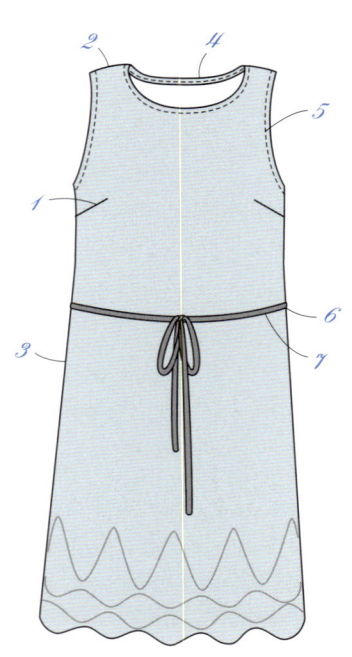

〔材料〕※布の用尺は p.50 参照
表布…スカラップ生地
バイアステープ（両折れタイプ）…1.3cm幅　180cm
ポリエステルミシン糸　60番
グログランリボン…0.8cm幅　170＋αcm

〔作り方ポイント〕
基本と同じ型紙を使い、裾はスカラップの生地を使用。裾幅が広くなってもいいので、スカラップの柄が合うように裁断してください。
★の縫い方は p.50～53参照。

〔作り方手順〕
1. ★ダーツを縫う。→ 2. ★肩を縫う。→ 3. ★脇を縫う。→ 4. ★衿ぐりを縫う。→ 5. 衿ぐりと同じ方法で、袖ぐりも縫う。→ 6. ウエスト部分に糸ループをつける。→ 7. 糸ループに0.8cmのグログランリボンを通す。

Pattern III 胸元スラッシュパターン
基本の作り方

〔材料〕5サイズ共通
表布…130cm幅の場合×160cm
（B丈はプラス5cm／C丈はプラス10cm）

着丈… S：91cm、M：92cm、L：93cm、2L：94cm、3L：95cm（A丈）
B丈はプラス4cm、C丈はプラス8cm

実物大型紙　CD面

〔裁ち方図〕　縫い代は指定以外1cm

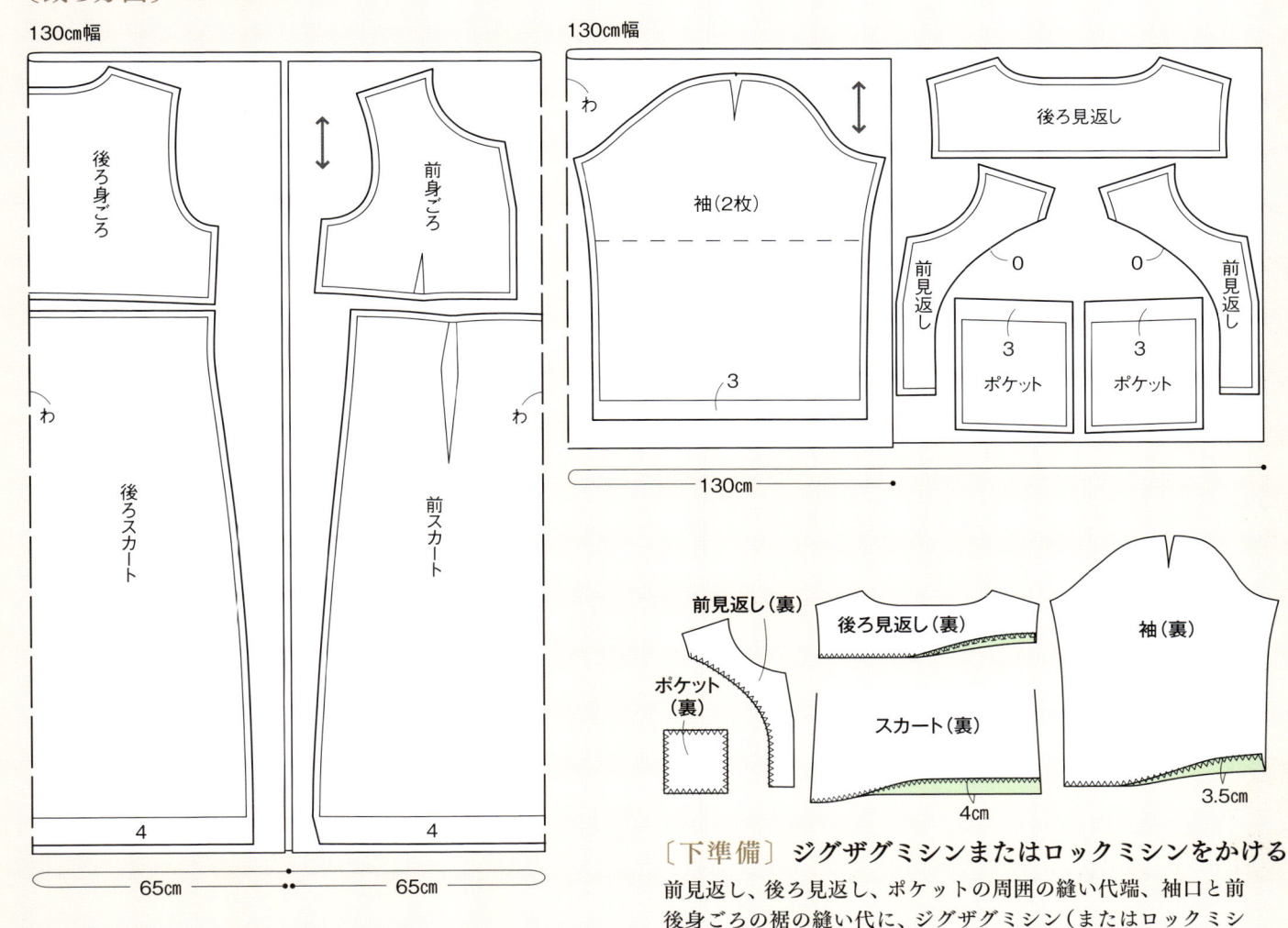

130cm幅

後ろ身ごろ／前身ごろ／後ろスカート／前スカート／わ／4／65cm／65cm

130cm幅

袖（2枚）／3／後ろ見返し／前見返し／0／0／ポケット／3／ポケット／3／130cm

前見返し（裏）／ポケット（裏）／後ろ見返し（裏）／袖（裏）／スカート（裏）／4cm／3.5cm

〔下準備〕ジグザグミシンまたはロックミシンをかける

前見返し、後ろ見返し、ポケットの周囲の縫い代端、袖口と前後身ごろの裾の縫い代に、ジグザグミシン（またはロックミシン）をかけ、縫い代をアイロンで折る。後ろ見返しは縫い代1cm折って0.7cmのところにステッチをかけて縫い代を押さえる。

[作り方手順]

- 3. 前身ごろを縫う
- 4. 後ろ衿ぐりを縫う
- 5. 肩を縫う
- 6. 袖をつける
- 7. 脇から袖下を縫う
- 11. ヨークをつける
- 1. ダーツを縫う
- 2. ポケットを作る
- 8. ポケットをつける
- 9. スカートを縫い合わせる
- 10. 裾の始末をする

1. ダーツを縫う

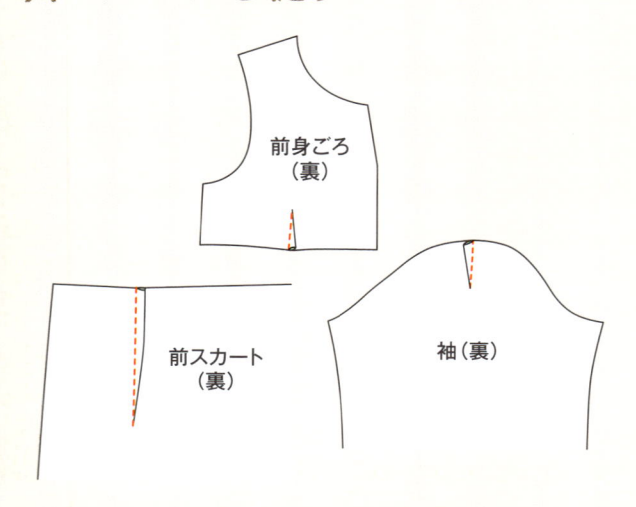

前身ごろ（裏）
前スカート（裏）
袖（裏）

前身ごろ、前スカート、袖のダーツを縫う。前身ごろ、前スカートは中心方向に、袖は後ろ方向にアイロンでダーツを押さえる。

2. ポケットを作る

1. ポケット口の縫い代をアイロンで裏面に折り、ステッチをかける。

2.5〜2.7cm ステッチ
ポケット（裏）

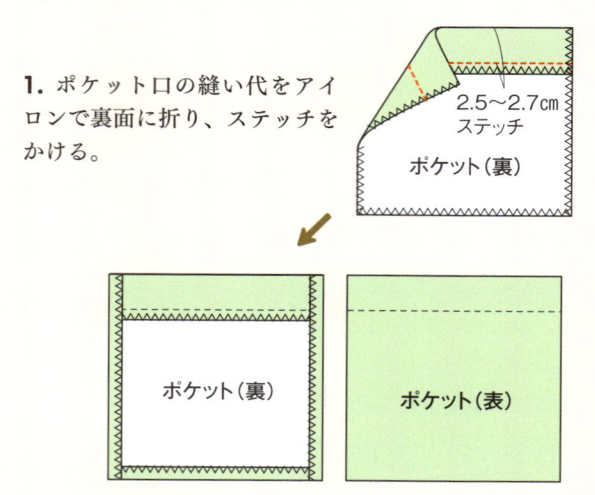

ポケット（裏） ポケット（表）

2. 熱接着両面テープを約8〜9cmにカットし、アイロンで折った縫い代とポケットの間にはさみ、アイロンを当てて縫い代をはる。

3. 前身ごろを縫う

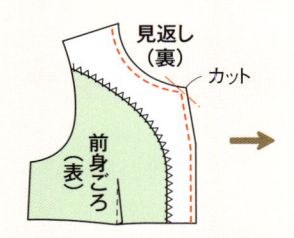

1. 前身ごろと見返しを中表に合わせて縫う。

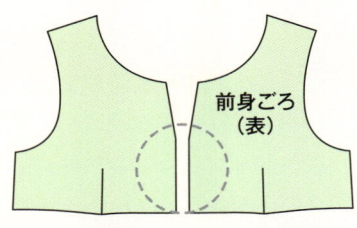

2. 縫い代をアイロンで割って、左右表に返し、前身ごろをイメージして置き、点線を突き合わせる。

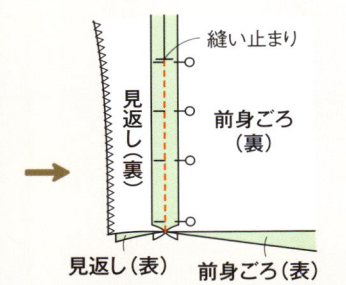

3. 突き合わせた表身ごろと見返しを開いて左右を中表に合わせ、縫い止まりまで縫い目の上に針を落とすように縫う。

4. アイロンで形を整える。

4. 後ろ衿ぐりを縫う

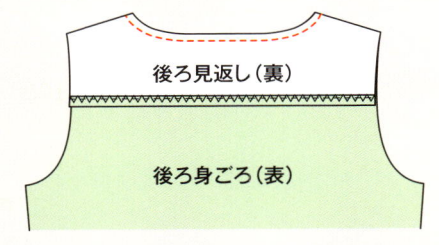

1. 後ろ身ごろと後ろ見返しを中表に合わせて衿ぐりを縫う。

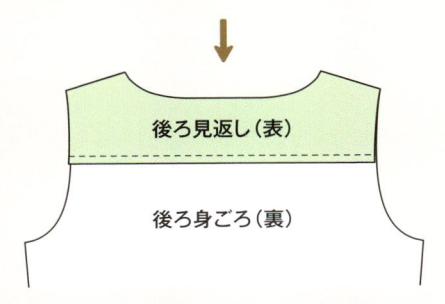

2. 衿ぐり縫い代をアイロンで割ってから、表に返して衿ぐりをアイロンで整える。

5. 肩を縫う

1. 肩を縫う前に、前後身ごろをでき上がりの状態に置いて確認する。

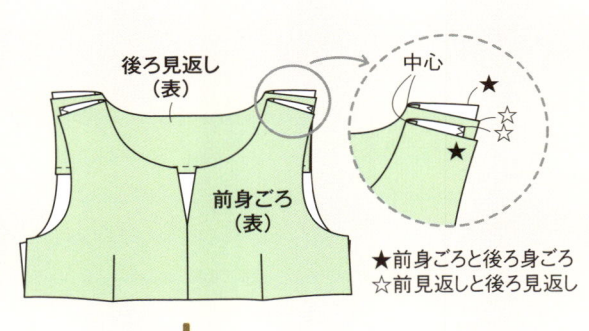

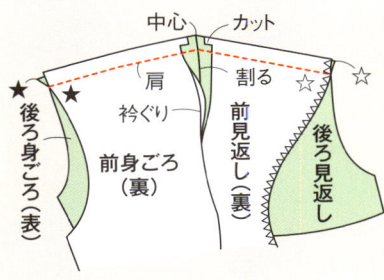

2. ★前身ごろと後ろ身ごろ、☆前見返しと後ろ見返しの肩を、中心を基点にしてそれぞれ中表に合わせ、身ごろと見返しの肩を続けて縫う。このとき、前後とも衿ぐり縫い代は割り、肩を縫ったら、衿ぐりの縫い代だけをL字にカットする。

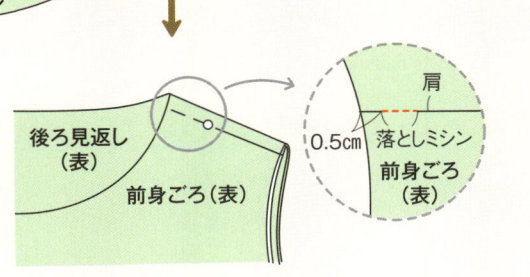

★前身ごろと後ろ身ごろ
☆前見返しと後ろ見返し

3. 表、後ろ身ごろを外表に合わせて整える。表側と見返し側の肩縫い目をまち針でとめ、表から落としミシンをして肩線を固定する。

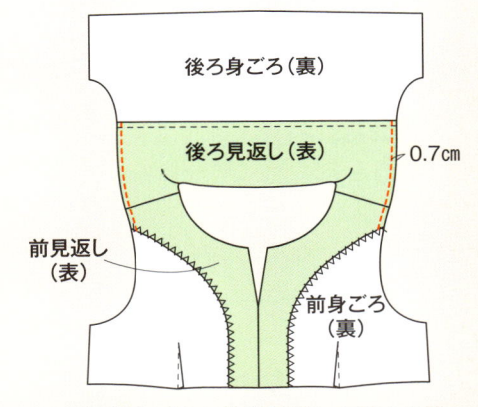

4. 前後身ごろと前後見返しの袖ぐり縫い代にミシンをかけて、2枚を1枚仕立てにして袖がつけやすいようにしておく。表にして形を整える。

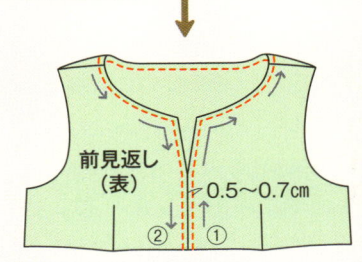

5. アイロンで形を整えたら、①から②に続けてステッチをかける。

59

6. 袖をつける

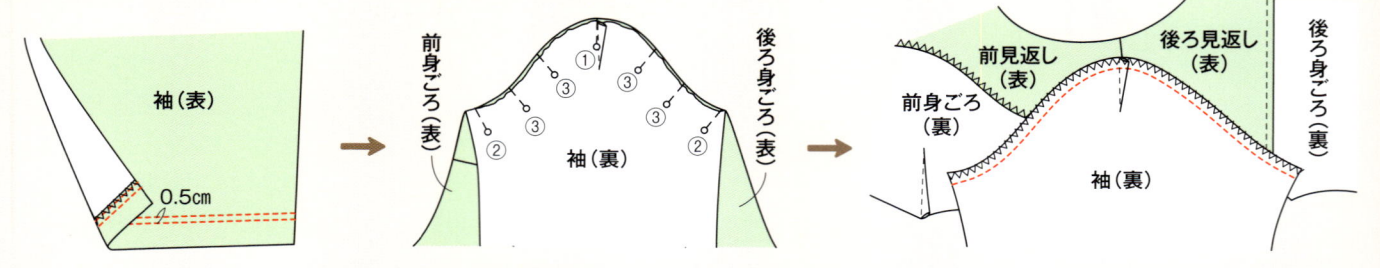

1. アイロンで縫い代を折り上げた袖口に、ステッチを2本かける。2本目は1本目をガイドに0.5cmのところにステッチをかける。

2. 身ごろの袖ぐりに袖を中表に合わせてまち針でとめる。身ごろの肩と袖山（①）、身ごろの脇と袖下（②）、間の合印（③）の順にとめ、さらに間をまち針でとめる。

3. 袖つけミシンをかける。縫い代は2枚一緒にジグザグミシン（またはロックミシン）で始末して身ごろ側に倒す。

7. 脇から袖下を縫う

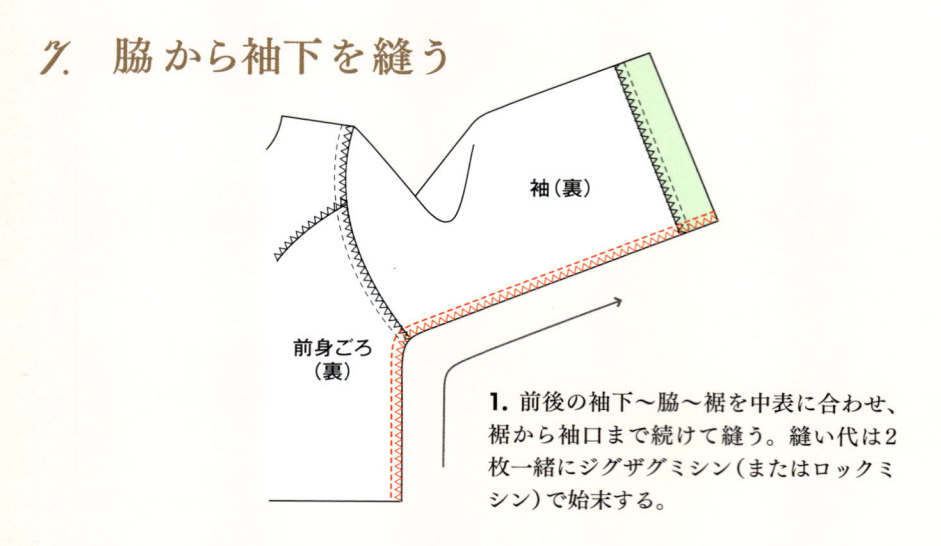

1. 前後の袖下〜脇〜裾を中表に合わせ、裾から袖口まで続けて縫う。縫い代は2枚一緒にジグザグミシン（またはロックミシン）で始末する。

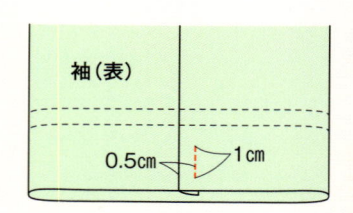

2. 縫い代を後ろ側に倒してアイロンで整える。袖口には1cmぐらいミシンをかけて、縫い代を押さえておく。

8. ポケットをつける

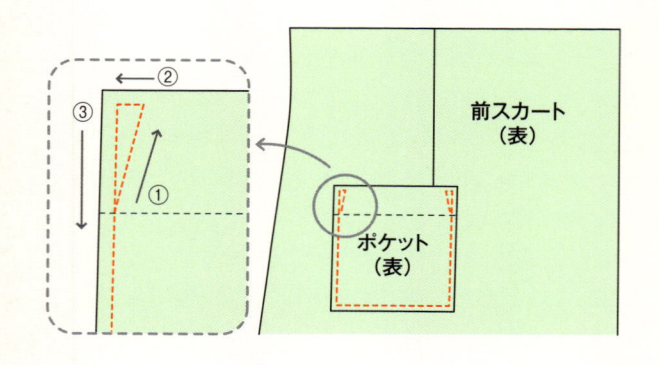

スカートのポケットつけ位置に、まち針のかわりに熱接着両面テープでポケット口以外の3辺をはって固定し、ステッチで縫いどめる。ポケット口の角は力のかかる箇所なので、三角にミシンをかけておくと丈夫。

9. スカートを縫い合わせる

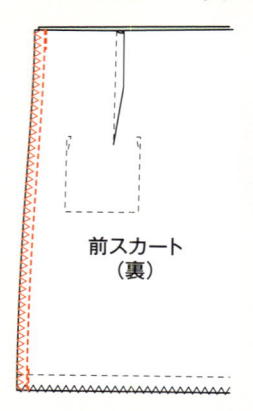

前スカートと後ろスカートを中表に合わせ、裾の折り山を一度開いて片方の脇を縫う。ミシンの縫い始めと縫い終わりは返し縫いをし、縫い代に2枚一緒にジグザグミシン（またはロックミシン）をかける。アイロンで後ろ身ごろ側に縫い代を倒して、もう片方も縫って後ろ身ごろ側に倒しておく。

10. 裾の始末をする

裾の縫い代をもう一度折って整え、ステッチ2本かける。2本目は1本目をガイドに0.5cmのところにステッチをかける。

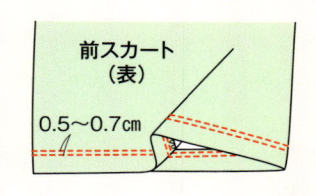

前スカート（表）
0.5〜0.7cm

11. ヨークをつける

後ろ身ごろ（裏）
前スカート（裏）

前スカート（裏）

前身ごろ（表）
前スカート（表）

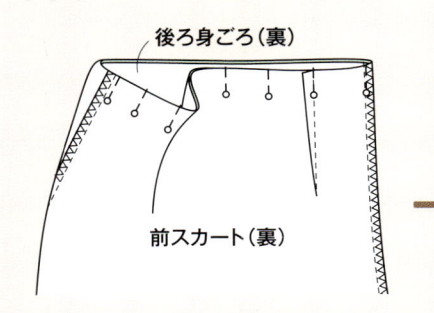

1. 身ごろとスカートを中表に合わせてまち針でとめる。前身ごろとスカートはダーツが表ヨークのダーツと合うようにとめる。

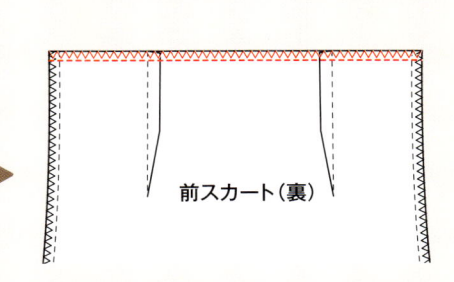

2. ぐるりと1周ヨークつけミシンをかける。縫い代は2枚一緒にジグザグミシン（またはロックミシン）で始末する。

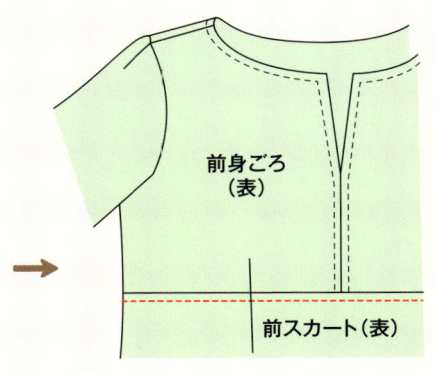

3. 縫い代をスカート側に倒してアイロンで整えステッチをかける。

Pattern III　M Photo＿P.30　N Photo＿P.31
胸元スラッシュ半袖ワンピース

〔材料〕※布の用尺は p.57 参照

M
表布…ポリエステル布
　　　またはポリウレタン入りストレッチ布
熱接着両面テープ
ニット用ミシン糸 50番

N
表布…デニム生地
熱接着両面テープ
ポリエステルミシン糸 60番
デニム用ステッチ糸 30番

〔作り方ポイント〕
基本の身ごろの袖を半袖にします。デニム生地はステッチ糸を30番にして、白や赤、茶など色を変えると表情が出ます。縫い方は p.57〜61 参照。

〔下準備〕
ジグザグミシンをかける。

〔作り方手順〕
1. ダーツを縫う。→ **2.** ポケットを作る。→ **3.** 前身ごろを縫う。→ **4.** 後ろ衿ぐりを縫う。→ **5.** 肩を縫う。→ **6.** 袖をつける。→ **7.** 脇から袖下を縫う。→ **8.** ポケットをつける。→ **9.** スカートを縫い合わせる。→ **10.** 裾の始末をする。→ **11.** ヨークをつける。

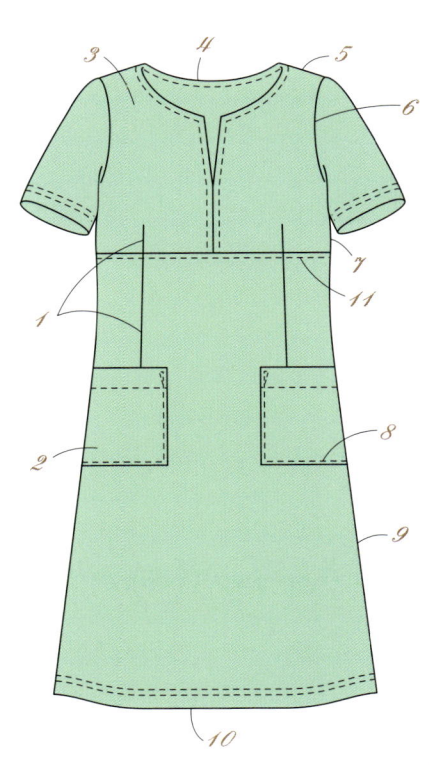

Pattern III 胸元スラッシュバイカラーパイピング風切り替えワンピース

Photo＿P32

[材料] ※布の用尺は p.57 参照
表布… ポリエステル100％ または ポリウレタン入りストレッチ布
配色布… 1.5cm幅
ニット用ミシン糸 50番
熱接着両面テープ

[作り方ポイント]
基本の型の衿ぐり、袖口、ポケット口を配色の切り替え布（1.5cm幅）、型紙作成時に型紙から1.5cmのところに線を引き、切り替え布を作成し、それぞれのパーツにはいで縫う。

[作り方手順]
1. 表身ごろと配色布（1.5cm＋縫い代）、見返しと配色布を合わせて縫う。縫い代は両開きで衿ぐりの余分なところはカットする。配色布を縫い合わせた表身ごろと見返しを中表に合わせ、縫い止まりまで縫い目の上を縫って前身ごろの形を作る（下図の赤いステッチ）。前見返し側から端を裏コバステッチで押さえておく（裏コバステッチとは、縫い代を裏側へ倒してステッチで押さえること）。

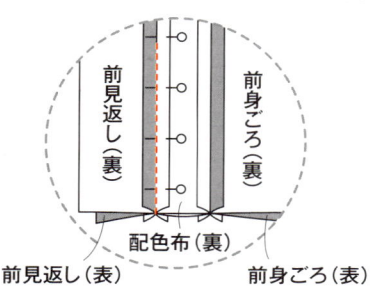

2. 後ろ身ごろも配色布（1.5cm＋縫い代）、後ろ見返しと配色布を合わせて縫う。後ろ見返し側の衿ぐりは裏コバステッチで押さえておく。

3. ポケット口は、配色布をわにしてポケットと縫い合わせ、縫い代にジグザグミシンをして縫い代をポケット側に倒してコバステッチ（コバステッチは際をステッチすること）。縫い代をジグザグミシンで縫ってアイロンで両面接着テープで縫い代を押さえておく。

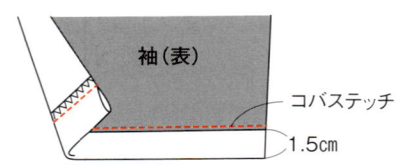

4. 袖口は配色布をわにして、袖と縫い合わせ、縫い代をジグザグミシンをして、袖側に倒しコバステッチをかける。※その他は、p.57〜61参照。

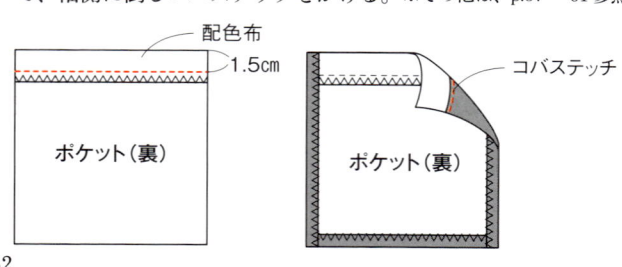

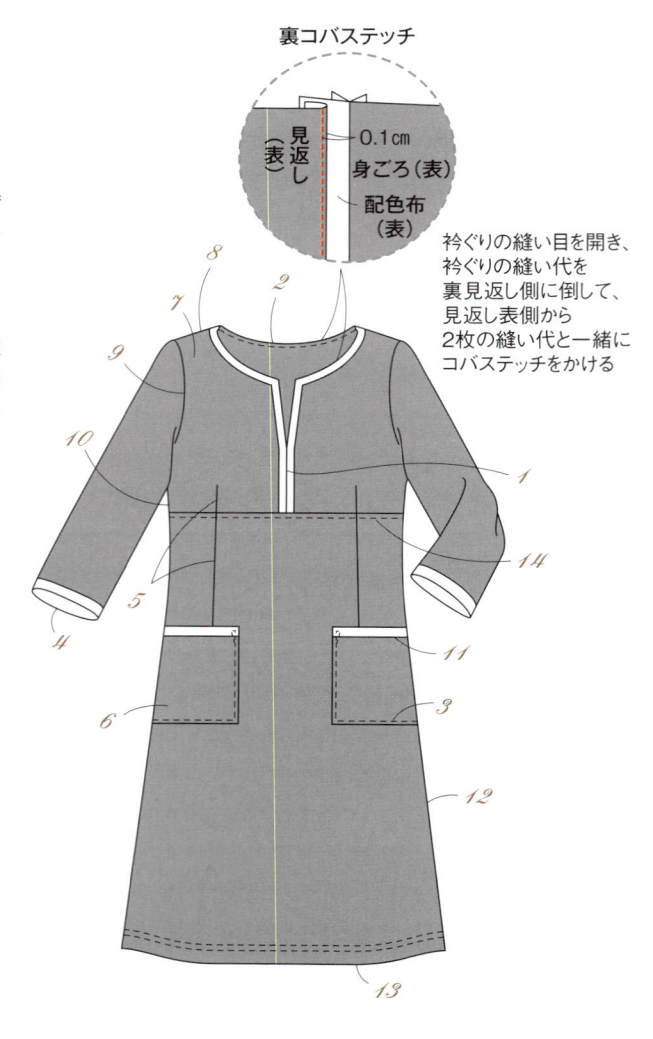

裏コバステッチ

衿ぐりの縫い目を開き、衿ぐりの縫い代を裏見返し側に倒して、見返し表側から2枚の縫い代と一緒にコバステッチをかける

Pattern III　P　Photo＿P.34
胸元スラッシュノースリーブワンピース

〔材料〕※布の用尺は p.57 参照
表布…ポリウレタン入りストレッチ布
　　　またはポリエステル布
熱接着両面テープ
ニット用ミシン糸 50番

〔作り方ポイント〕
基本の型の身ごろを袖をなくしてノースリーブにする。
★の縫い方は p.57 ～60 参照。

〔作り方手順〕
1. ★ダーツを縫う。→ 2. ★ポケットを作る。→ 3. ★前身ごろを縫う。→ 4. ★後ろ衿ぐりを縫う。→ 5. ★肩を縫う。→ 6. 前身ごろ、後ろ身ごろの袖ぐり縫い代にジグザグミシンをかけて、縫い代を1cm折り上げておく。→ 7. 前見返し表、後ろ見返し表の袖ぐりと、前身ごろ表、後ろ身ごろ表を中表にして袖ぐりの縫い代を縫い合わせて表に返しアイロンで整える。→ 8. 袖ぐりと前スラッシュ～後ろ身ごろに0.5～0.7cmのステッチをかける。→ 9. ★脇を縫う。→ 10. ★スカートにポケットをつける。→ 11. ★スカートを縫い合わせる。→ 12. ★裾の始末をする。→ 13. ★ヨークをつけて仕上げる。

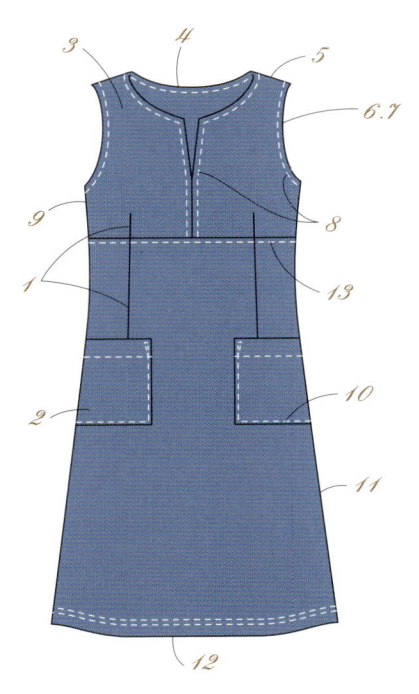

Pattern III　Q　Photo＿P.35
胸元スラッシュ七分袖ワンピース

〔材料〕※布の用尺は p.57 参照
表布…ポリエステル布
熱接着両面テープ
ニット用ミシン糸 50番

〔作り方ポイント〕
縫い方は p.57 ～60 と同じ。

〔下準備〕
ジグザグミシンをかける

〔作り方手順〕
1. ダーツを縫う。→ 2. ポケットを作る。→ 3. 前身ごろを縫う。→ 4. 後ろ衿ぐりを縫う。→ 5. 肩を縫う。→ 6. 袖をつける。→ 7. 脇から袖下を縫う。→ 8. ポケットをつける。→ 9. スカートを縫い合わせる。→ 10. 裾の始末をする。→ 11. ヨークをつける。

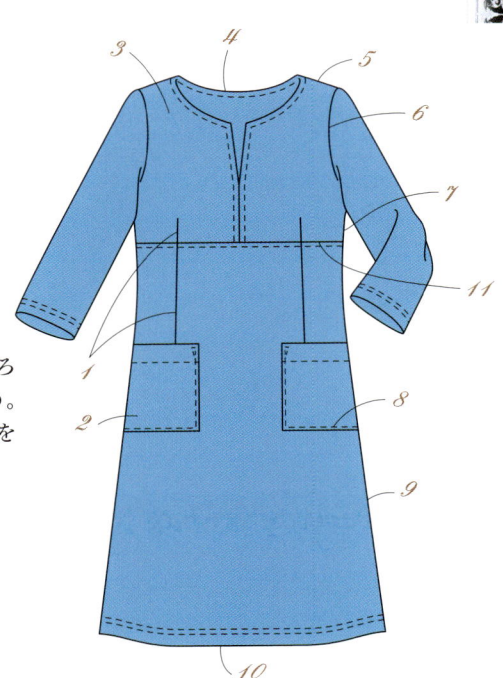

63

泉 繭子　いずみまゆこ

デザイナー、スタイリスト。
イタリア・ミラノのマランゴーニ学院マスターコースを卒業。
1998年から衣装制作・スタイリングに携わる。
2007年、自社ブランドを立ち上げた後は、
「本当に着たいもの、着心地のよいもの」を追求。
現在は、テレビや舞台「Endless SHOCK」等衣装制作、
スタイリングなどで活躍中。

〔スタッフ〕

制作スタッフ	谷口夕子
撮　影	鍋島徳恭
スタイリング	峰岸彩織
ヘアメイク	梅沢優子
モデル	澤村花菜（BE NATURAL）
ブックデザイン	塙美奈　南彩乃（ME&MIRACO）
トレース	松尾容巳子（Mondo Yumico）
校　閲	校正舎楷の木
編　集	大野雅代（クリエイトONO）
進　行	鏑木香緒里

〔生地提供〕（p.18、p.22、p.23）
◇オカダヤ新宿本店
〒160-0022 東京都新宿区新宿 3-23-17
☎ 03-3352-5411（大代表）　10:00～20:30　不定休
http://www.okadaya.co.jp/shinjuku/
オカダヤオンラインショップ　http://www.okadaya-shop.jp/1/

〔撮影協力〕
◇アビステ　☎ 03-3401-7124
p.23 ブレス・ピアス／p.30 バングル
◇エー.ディー.エム.ジェイ.　☎ 03-5785-0360
p.11 ポシェット
◇サンキ　☎ 03-5456-5062
p.14 ベージュトート（カシェリエ）／p.20 ツィードクラッチ（カシェリエ）
p.22 赤トート（カシェリエ）／p.30 ヘビバッグ（カシェリエ）
p.31 バッグ（カシェリエ）
◇シューバーディーセ　☎ 03-5785-2115
p.34 ツイード靴（イーサンカラス）
◇フラッパーズ　☎ 03-5456-6866
p.13 2連ネックレス（ステラクタイト）
p.14-15 丸ポシェット（メゾン ヴァンサン）・
パッチワークパンプス（ネブローニ）・スカーフ（マニプリ）
p.19 バッグ（サンダワナ オペラ）／p.23 バッグ（メゾン ヴァンサン）
p.31 バングル（アロン）／p.34 バッグ（サンダワナ オペラ）
◇ mimis　☎ 03-6452-3335
p.12 バッグ／p.14 ネックレス／p.19 ピアス／p.22 ネックレス
p.24 カゴバッグ／p.26 帽子・バッグ（mimis）
p.30 ネックレス（mimis）
◇ユーロパシフィック ジャパン　☎ 03-5785-2103
p.14 靴（サラジョーンズロンドン／ユーロパシフィックジャパン）

上記以外はスタイリスト私物

〔読者の皆様へ〕
本書の内容に関するお問い合わせは、お手紙、FAX（03-5360-8047）、メール（info@TG-NET.co.jp）にて承ります。恐縮ですが、電話でのお問い合わせはご遠慮ください。
『スタイルがよく見える！ワンピース＆チュニック』編集部

※作品の複製、販売は禁止です。

スタイルがよく見える！
ワンピース＆チュニック

平成 27 年 9 月 25 日 初版第 1 刷発行
平成 28 年 8 月 10 日 初版第 4 刷発行

著 者　泉 繭子
発行者　穂谷竹俊
発行所　株式会社日東書院本社
　　　　〒160-0022 東京都新宿区新宿 2 丁目 15 番 14 号 辰巳ビル
　　　　TEL.03-5360-7522（代表）　FAX.03-5360-8951（販売部）
　　　　振替 00180-0-705733
　　　　URL　http://www.TG-NET.co.jp

印　刷　大日本印刷株式会社
製　本　株式会社セイコーバインダリー

本書の無断複写複製（コピー）は、著作権法上での例外を除き、著作者、出版社の権利侵害となります。乱丁・落丁はお取り替えいたします。小社販売部までご連絡ください。

©Mayuko Izumi 2015,Printed in Japan　ISBN 978-4-528-01328-5　C2077